故事里的数学

五指计数

[意] 安娜·切拉索利 著
[意] 德西代里亚·圭恰迪尼 绘
曲少云 译

GUANGXI NORMAL UNIVERSITY PRESS
广西师范大学出版社
·桂林·

GUSHI LI DE SHUXUE　WUZHI JISHU
故事里的数学 五指计数

出版统筹：汤文辉	责任编辑：戚　浩
品牌总监：张少敏	助理编辑：屈荔婷
质量总监：李茂军	美术编辑：刘淑媛
选题策划：李茂军　戚　浩	版权联络：郭晓晨　张立飞
责任技编：郭　鹏	营销编辑：赵　迪

著作权合同登记号桂图登字：20-2017-006 号

图书在版编目（CIP）数据

故事里的数学. 五指计数 /（意）安娜·切拉索利著；（意）德西代里亚·圭恰迪尼绘；曲少云译. --桂林：广西师范大学出版社，2023.10
ISBN 978-7-5598-6305-8

Ⅰ. ①故… Ⅱ. ①安… ②德… ③曲… Ⅲ. ①数学课—学前教育—教学参考资料 Ⅳ. ①G613.4

中国国家版本馆 CIP 数据核字（2023）第 157036 号

广西师范大学出版社出版发行
（广西桂林市五里店路 9 号　邮政编码：541004
网址：http://www.bbtpress.com）
出版人：黄轩庄
全国新华书店经销
北京博海升彩色印刷有限公司印刷
（北京市通州区中关村科技园通州园金桥科技产业基地环宇路 6 号
邮政编码：100076）
开本：787 mm × 980 mm　1/16
印张：4.5　　　字数：33 千
2023 年 10 月第 1 版　　2023 年 10 月第 1 次印刷
定价：100.00 元（全 4 册）

译序

数学，孩子因需要而发现

毫不夸张地说，我们生活的这个世界离不开数学。我们常常在无意识中使用数学，享受着数学带给我们的便利——购物、报时、踢球、打游戏、做蛋糕……我们每一个人真的是不假思索地进行着数学思考。对于儿童而言，他们最初并不知道什么是数学，为什么要学习数学，但懵懂中，他们开始知道：爸爸需要2个茶杯，妈妈刚刚切好5瓣苹果，爷爷说天阴了可能会下雨，弟弟刚刚吃掉1块奶奶切的三角形蛋糕……生活中的这些好奇激发了他们的兴趣，他们逐渐从观察、模仿和发现中开启了学习模式——用数学思维来思考。大部分父母在发现孩子的这些进步时，都会感到无比的惊奇和喜悦。

然而，很多孩子随着年龄的增长和知识的增多，曾经因好奇而激发的数学兴趣似乎很快便消失了。当父母们焦虑地探讨怎么进行

孩子的数学启蒙，如何让孩子喜欢上数学，数学除了考试还有什么用处的时候，那些本该引发关注的孩子的好奇心却被忽略了——这样的事情往往发生在他们开始真正学习数学以后。从父母到老师，我们每一个对孩子有教育责任的成年人都需要审慎地思考：究竟我们的教育哪里出了问题？是忽视或打击了孩子的好奇心，是过早或错误地给孩子解读了数学，还是过于重视各种表面的数学评定成绩、标准答案？

如果我们在发现孩子有了数学意识的关键期，耐心和孩子数积木、玩弹球，不断发展他们的点数能力甚至运算能力；如果我们看到孩子为了一张撕出来不同形状的纸咯咯笑起来的时候，顺势引导他们探寻更多的形状规律；如果每一次对道理的分析都有理有据，让孩子心服口服……我们又何愁孩子不喜欢数学，不会用数学思维去思考呢？

面对事物时，我们往往自发地因需要产生好奇，因好奇产生兴趣，因兴趣去寻求解决问题的办法。我们获得知识和能力向来遵循这样的学习规律，学习数学尤其如此。

所以，保有对数学的浓厚兴趣才是孩子在数学学习方面持续前行的最大动力，而保护孩子的学习动力，鼓励孩子一直保持学

习动力的最佳方法是和孩子一起思考，共同探究和学习。好的启蒙读物不仅可以陪伴孩子，更能启发家长、老师，让他们和孩子展开恰当的探究性学习。很高兴能够遇到《故事里的数学》，翻译的过程让多年深耕一线数学教育的我感触颇深——我们迫切需要更多这样好的数学启蒙读物与读者相遇。与其说它们有益于孩子，不如直接说它们有益于整个家庭。这套书巧妙地构建了4个数学发现的现实场景，通过故事，呈现了数学最初是怎么来的：我们为了设计自己的房屋发明了几何，为了准确理解他人的意图发明了逻辑，为了数清身边的物品发明了计数方法，为了更多更复杂的社会交易发明了运算……循着有趣的故事情节、细致缜密的发问和探究过程的呈现，孩子们会和大人一起惊喜地发现：原来要这样看待身边的问题，原来这样才能发现数学，原来解决问题的办法竟然如此自然、如此巧妙！

是的，那还犹豫什么，赶紧和我们一起走进数学的世界吧！

很久以前，人类生活的世界里还没有房子，也没有汽车，更别提什么飞机和电脑了！那时人类还没有发明文字，更不懂得什么是计算。

他们就是我们所说的“原始人”。

布巴就是原始人，过着平静祥和的原始生活。就在几天前，爸爸给她安排了一项重要的工作。接受任务时，布巴非常高兴：这说明我可以做事情了。

出发前，爸爸对布巴说道：“看管好咱们的羊群。在我和你哥哥出门狩猎的这段时间，要确保所有羊的安全，不能丢失任何一只羊！”布巴有个哥哥，叫特龙——身强体壮，还很聪明。哥哥看管羊的时候从来没有丢失过羊。

布巴和特龙还有几个弟弟妹妹，为了照顾他们，妈妈已经筋疲力尽了。

现在，布巴接管了羊群。

照顾好羊群真是个技术活儿：不仅需要看管和喂食，还需要时不时地宠一宠它们。

和它们你挨着我、我靠着你地小睡一会儿，布巴也觉得暖乎乎、美滋滋的！

家里的院子很大，布巴一会儿放牧，一会儿散步，日子就这样一天一天过去，倒也悠闲。

只是最近几天，院子里的嫩草越来越少。小羊们眼巴巴地望着围栏外面漫山遍野的鲜草和嫩叶，一个个伸长脖子把头钻出围栏，憧憬着外面的世界。

布巴心里嘀咕着：“真想把羊放出去，让它们痛痛快

快地吃个够。会不会有什么麻烦？不过，这大中午的，既没有凶猛的野兽，也看不到其他危险，只要我看管好羊群，一定没事的。”

就这么办！羊一出围栏，就活蹦乱跳地感谢布巴。在围栏外面的世界里，布巴和她的羊群一起打滚、一起奔跑，幸福地度过了美好的下午时光。

夜幕降临时，布巴学着哥哥的样子，两指按住卷起的舌头："哔——"哨声划破天际，所有的羊立刻乖乖地聚拢回来。她带着这群白毛朋友顺利地返回家中。养羊还真是个力气活儿。

布巴一刻也不敢放松，她先盯着所有的羊一只一只回到围栏里，然后自己才躺下来。每次特别疲惫的时候，她都很感激朋友送给她这张舒适柔软的羊毛毯。布巴没有很快进入梦乡，她想，爸爸和哥哥马上就要回来了，要是他们看到我看管的羊活蹦乱跳，还吃得好睡得香，一定会夸奖我的。布巴几乎是带着笑容进入梦乡的。突然，“咔——啪——”“咩——咩——”，哪里的树枝折断了？难道还有羊没有回来吗？

布巴嗖地跳起来跑出去查看，真的是她的羊！她能认出这只小羊，全凭小羊鼻头的那一撮黑毛。原来，并不是所有的羊都回到了围栏里！而她竟然没有察觉！

是不是还有更多的羊没有找到回家的路呢？布巴决定出去仔细查看一遍。

夜色中，布巴摸索着四处寻找。在一簇矮树丛下，她终于发现了一只蜷成一团的小羊。看得出，小羊受到了惊吓，战战兢兢的。这一定是自己的坏记性搞的恶作剧！布巴一把将小羊搂在怀里，她发誓，一定要找到所有丢失的羊。但发生这样的事情，她好像无能为力，什么也做不了！因为她根本不知道爸爸要她照顾的羊有多少只。要知道，那时候还没有发明数字呢！

从那一刻开始，布巴开始思考确保不让任何一只羊丢失的办法。第二天，她死死地盯着羊群，对羊们送给她的笑容视而不见，这些温柔甜美的笑容可迷惑不了她，她现在不能冒险失去任何一只羊。以后几天，布巴都是这样度过的。

布巴感觉哥哥和爸爸回家的日子推后了好久。也许这是一趟特别艰苦的狩猎之旅：为了捕到那些更快、更狡猾的动物，他们可能比平时走得更远了。

羊群几乎吃光了围栏里的牧草嫩叶。布巴感觉是时候走出去，带着羊群去田野里寻找更多的牧草了。

现在急需解决的问题是，如何确认带出去的羊和带回来的羊数量相同。除了喜欢和羊群做游戏，布巴也喜欢思考问题、解决问题。她坐下来，决心找到一个可行的办法。

布巴就这样用手托着头，一动不动地坐着，眼睛直勾勾地盯着那一张张写满饥饿的脸。突然，她脑中灵光一闪，有了一个绝妙的主意：要是能像认出兄弟姐妹一样，辨认出每一只羊，就能确保它们都回来了。是的，就这么办！

她站在门口，走近第一只羊仔细观察，想找到一些能记住它的特征。“哈，我发现啦，这只羊有一条卷曲的尾巴。就叫它卷尾巴吧。是的，卷尾巴回来了。”她又发现，另一只羊的下巴上长着一缕特别长的毛，像胡须一样。“太好啦，就叫它小胡子吧。是的，小胡子也没走远。”那么，那一只羊呢？“这只羊可真胖，再没有比肥肥这个名字更适合它的了。我会记住它的。”

就这样，她聚精会神地混在羊群中，居然找到了每一只羊的特征，让它们都有了名字：小卷毛、小白白、小胡子、小瘦子……名字太多了，真有点记不过来。等等，等

等，布巴摇了摇脑袋，想让自己清醒过来，这个办法不灵啊！尽管没有一只羊离开自家的院子，可这么多的名字，自己根本记不住啊！

“咩——咩——”，羊饿极了，整个晚上都睡不着，可怜巴巴地叫着！布巴被脑袋里冒出来的各种想法搞得焦头烂额。这其中，有一个办法似乎行得通：放羊的时候，一次放一只羊。这是一个相对容易实行的办法。

咩——咩——咩——咩——咩——
咩——咩——
咩——咩——咩——
咩——咩——
咩——咩——
咩——咩——

第二天，布巴早早地起了床。她先放一只羊出去吃草。野外的甜豆鲜嫩又开胃，这只可怜的羊还从来没有独享过这么多美味呢。布巴则守住围栏的出口，等第一只羊吃饱回来后，再放第二只羊出去。她给每一只放出去的羊

都留出充足的时间吃草。为了好区分，把每只羊放出去的时候，布巴都用炭灰在它身上做了记号。她按部就班地让羊一只一只地出去又回来。时间过得很快，一晃大半天过去了。布巴发现，还有很多羊没有出去呢，也就是说，想让所有的羊吃到草，这个办法行不通！

但是，但是……布巴绞尽脑汁，终于想出了一个可以节省时间的办法：每次让一只羊和另一只羊同时出去吃草！

就这么办。看着它们愉快地吃草，布巴想：“为什么放一只羊和另一只羊出去的时候，不再加一只羊呢？那样

的话，会省下更多时间的！而且，这样每组羊的数量也少，我能记得住放出去了几只。”

就这么办。但是，一个新的想法冒了出来：可以在放一只羊、一只羊、一只羊出去的时候，再加上一只羊。

就这么办。还可以在放一只羊、一只羊、一只羊、一只羊出去的时候，再加上一只羊！而且，这样每组羊的数

量绝对不会出错，因为这样每组羊的数量恰好和一只手上的手指数完全一样！

是的，每根手指对应一只羊，每只羊也对应一根手指！布巴居然发明了历史上第一个计数器，一伸胳膊就使用的计数器！羊外出吃草的时候，她可以随时检查羊的数量，让羊的数量对应到自己的手指上，这样永远错不了！

耶——！每次出去时，羊的数量和一只手上的手指数相同。羊群按组轮流出去，每当一组羊归来，布巴就在石墙上画一个符号“V”，像一只伸展的手。

直到最后，只剩下一只羊和另一只羊，只好让它俩一起吃草了。尽管这样放牧花去了整整一天的时间，但可以确保不丢失任何一只羊。

一分辛劳，一分收获！那天夜里，饱餐后的羊群美美地进入了梦乡，整个山洞回荡着羊群的呼噜声。布巴也睡着了，她躺在柔软的羊毛毯上，脸上露着微笑。她甚至梦

见了自己和羊群一起唱着歌儿，围成了一个圆圈跳起舞来。

天空渐渐泛白，新的一天来了。布巴又需要解决羊群吃草的问题了。但是，与昨天不同的是，乌云慢慢从空中压下来，马上就要下雨了。布巴可不想让羊被雨淋湿，有什么办法可以加快今天的放牧节奏呢？

“我还有另外一只手啊！为什么没有早一点想到呢？就这么办：每次放出去的羊的数量和两只手上的手指数相同。”这个办法简直太棒了，布巴兴奋得几乎喊出声来，“用更少的时间让所有的羊都吃上草！”

她是这么做的，每一组羊吃草归来，她就在石墙上画一个符号“X”，这个符号像两只伸展的手，一只手朝上，一只手朝下。

乌云越来越厚，天空渐渐黑下来，倾盆大雨就要来了。布巴的工作进展得相当顺利，整个羊群只花了很短的时间就吃饱了。剩下的羊她是这样处理的：先放出一组羊，这组羊的数量和一只手上的手指数相同；剩余的几只羊让它们一只一只出去，计数也单独进行。

按照计划，最后两只羊饱食了鲜嫩的美味之后，安全归来。布巴用类似两根手指的图画“II”表示它俩，结束了自己的工作。

V II

“轰隆隆——”，雷声响起，布巴的羊已经全部安全回家。可爱的布巴在墙壁上留下了人类历史上最早的数字。

XXXX XXXXXVII
洞穴入口

10 +
10 +
10 +
10 +
10 +
10 +
10 +
10 +
5 +
2 =

87

“所以，一共有 87 只羊！”

“老师，老师，布巴的爸爸和哥哥到底是什么时候回来的？他们没有夸一夸布巴吗？”

“老师不知道，当然也可能根本没人知道。我们甚至不知道，这些记号是不是小女孩布巴写在墙上的。但我们可以确定，在遥远的过去，这些记号就已经被人类留在岩石上了。布巴开启了人类最伟大的发明之一：数字！”

“老师，这不是真事？那么这故事肯定是您编的！”

“回答正确！我想用故事告诉大家，在数字发明之前，整个世界问题丛生，麻烦不断。我们现在想想，如果你是布巴，你会怎么做？”

“老师，我知道该怎么做！我敢打赌，布巴的哥哥一定这么做过！”

“说来听听！”

“我想，特龙可以用一堆石子解决问题。在围栏门口，他先把所有石子放进一个篮子里，每一颗石子代表一只羊。现在是上午，羊已经睡醒，一个个饥肠辘辘的。”

“特龙很聪明，他让羊一只一只地出去，每出去一只羊，他就从这堆石子中拿出一颗，丢进另一个篮子里。用这样的办法，当羊一只一只被放出去的时候，石子也一颗一颗地被丢进了另一个篮子里，直到整堆的石子都被丢进了另外那个篮中。然后……”

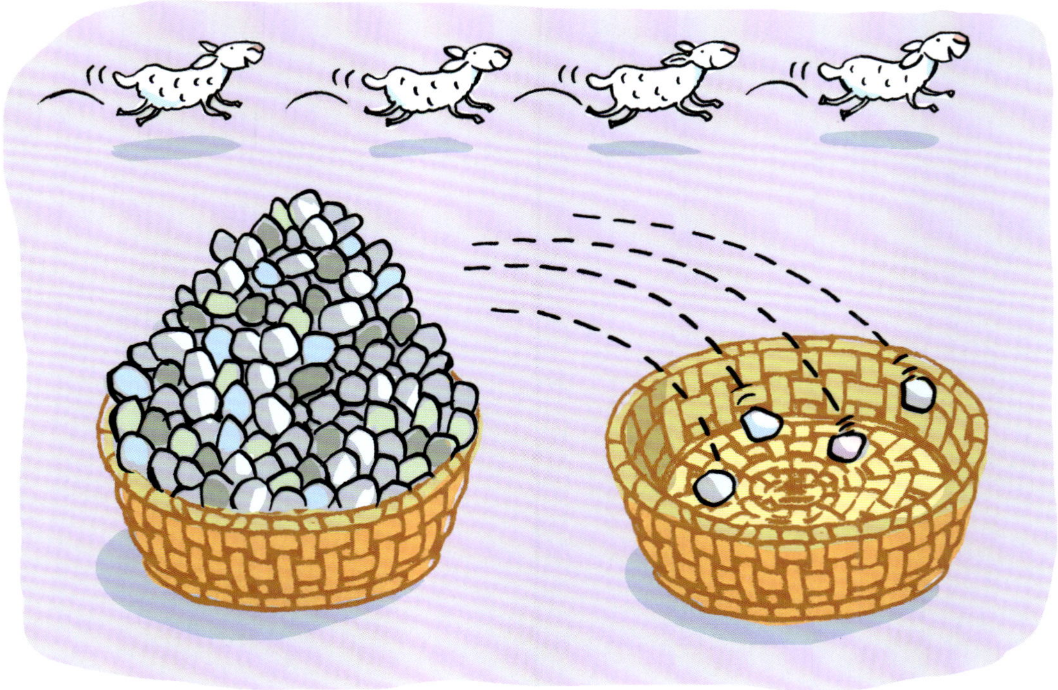

“老师，老师，我来接着说！接下来特龙是这么做的：当羊返回围栏的时候，每走回一只羊，他就把一颗石子从第二个篮子丢回第一个篮子……当所有的羊都回来，外边一只羊都不剩的时候，所有的石子应该也都被丢回第一个篮子里了。如果这样，就对了。不是吗？但是，如果第二个篮子里剩余了石子，特龙就要担心了，这意味着还有羊没有回来，要么走丢了，要么就是周游世界去了……”

“假设那里没有狼的话……”

“说得对，聪明的孩子！”

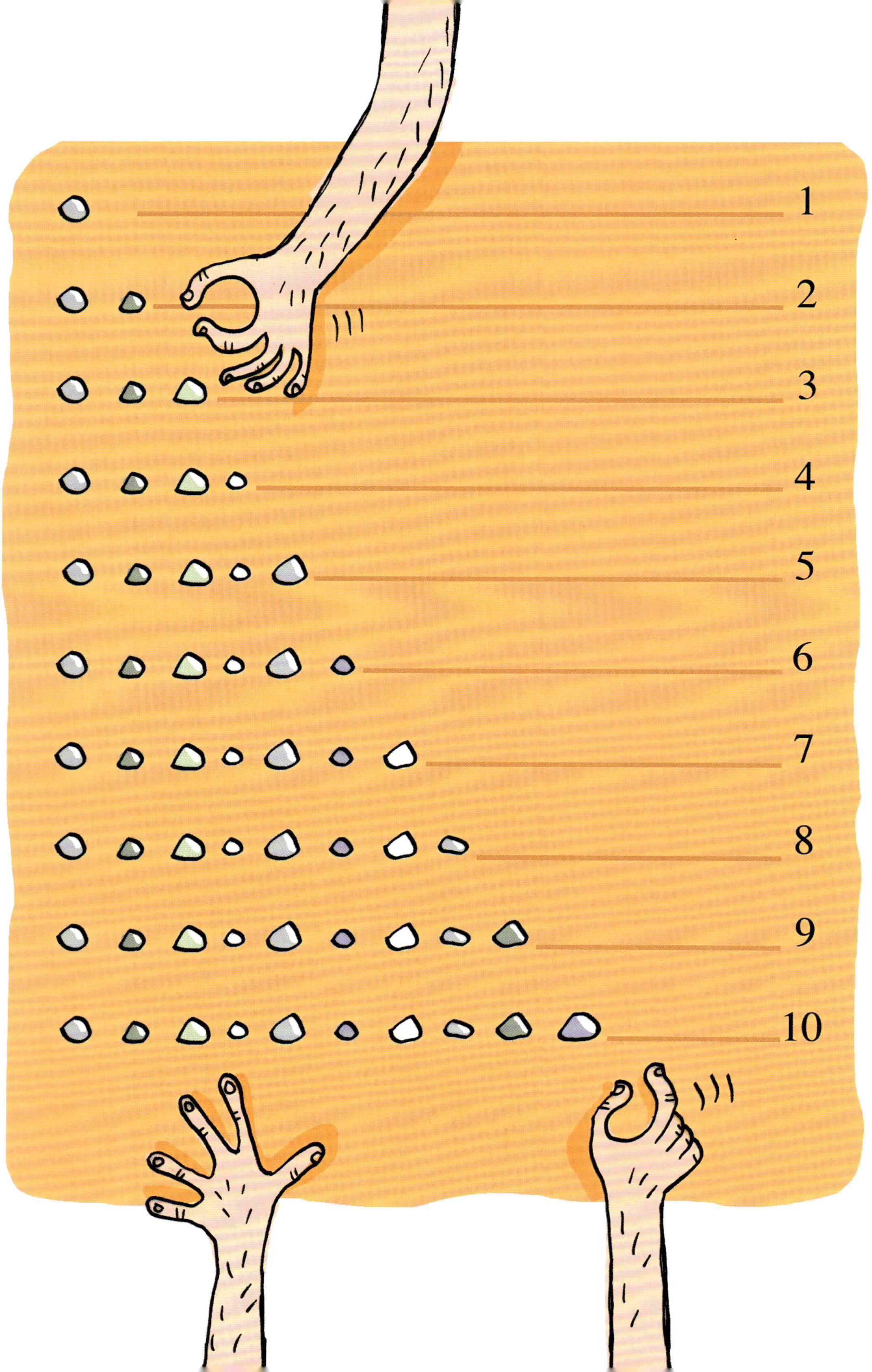
1
2
3
4
5
6
7
8
9
10

“老师，难道您不记得，您给我们讲过一个关于石子的故事吗？您告诉我们，原始人是如何计数的，您还解释说，可以用石子代替计数，即用石子计数。”

“对，我记得，很高兴你们也记得。我们换一种情况，进一步想一想，假如你是布巴，现在只有一块木头和一块锋利的岩石，你该怎么做呢？”

“老师我知道！每出去一只羊，我可以在木头上划一道。有多少只羊，就划多少道。当羊吃饱了，赶

着羊群回来时，只要检查是不是每一道对应一只羊就可以了。”

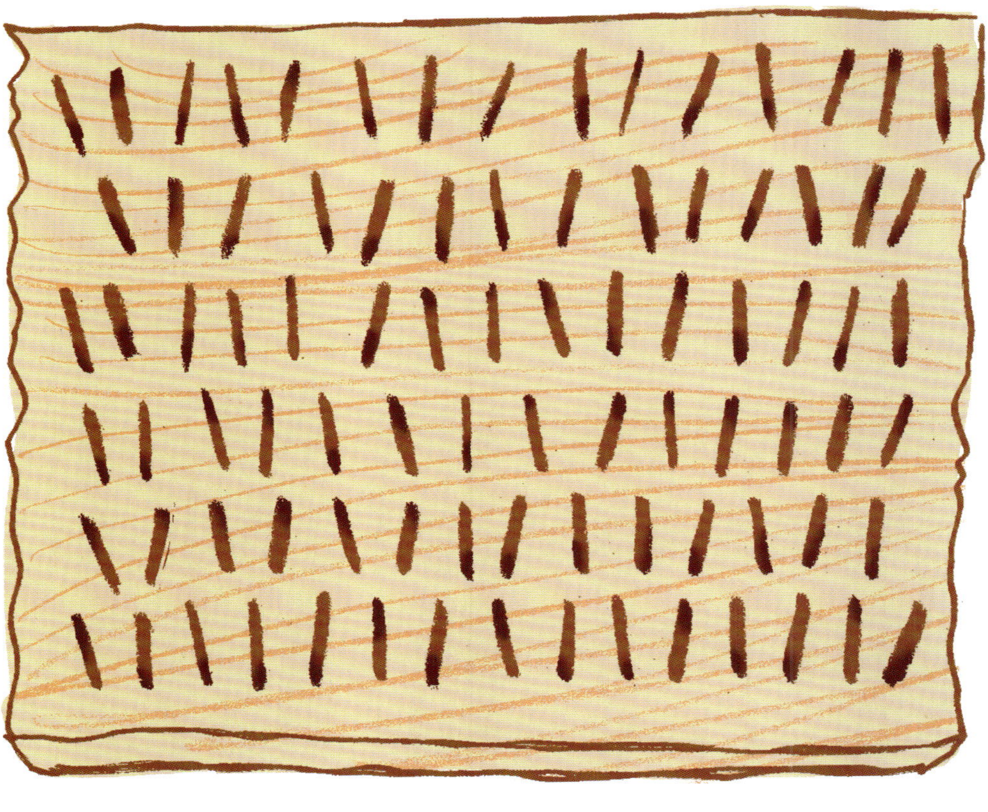

“干得好，小原始人！用这些方法检查羊的数量，真是个伟大的创举！不过，布巴的想法有点特别，让我们大开眼界。听好了，她的办法是，用特别的符号表示羊的数量，而不是为每一只羊划一道！”

这些符号代表87条道！

“这就是数字：它是能代表数量的符号。当布巴想表示数量是 5 的一组羊时，她画出了一只手，她发明的这个数字我们现在叫它‘5’。”

“当她画出两只手时，她发明了我们使用的数字 10！”

“老师，布巴的数字 5 和数字 10 写出来很像罗马数字 V 和 X，说不定罗马人参考了布巴的发明！”

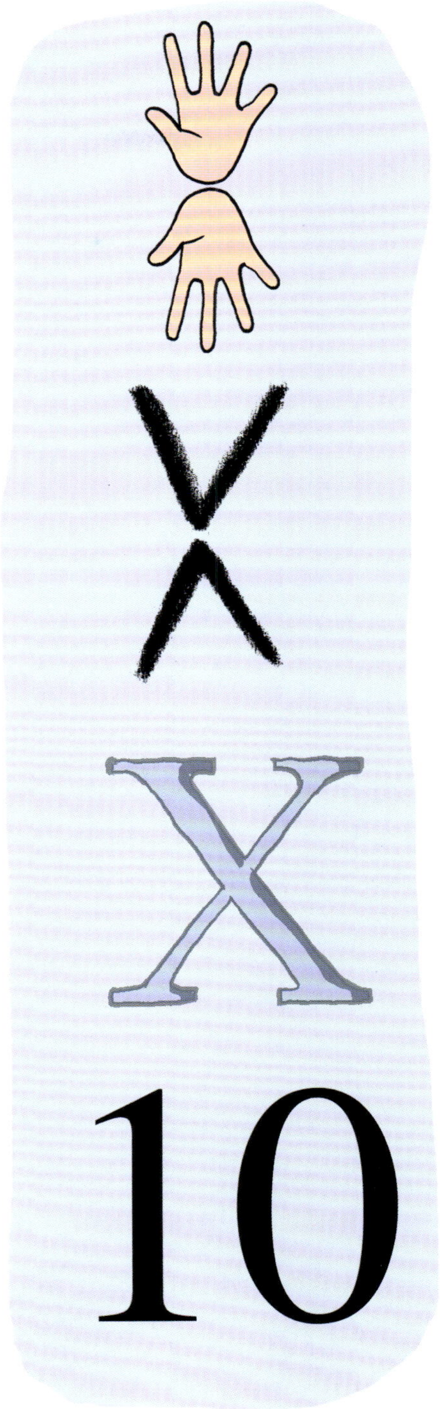

“还真有这种可能哟。它们看上去确实很像把手画在了墙上。我们给布巴一些掌声吧。上了学以后，我们可以学到数字世界更多更奇妙的故事。”

名家推荐

本套书最难能可贵之处在于，将数学抽象的概念恰到好处地融入风趣幽默的故事当中，并涵盖了一定的人文知识、哲学智慧、推理能力，让孩子在潜移默化中接受多种思想的启蒙。让数学不再抽象，不再枯燥，为孩子种下一颗热爱数学的种子，让孩子真正融入数学的世界。

著名幼儿数学教育专家、“儿童数学思维训练”课程创始人

何秋光

这套精美的数学绘本涉及数的产生和计算、几何图形的性质与特征以及简单的逻辑推理等多个主题，把故事和数学概念有机地结合起来，潜移默化地培养了孩子的数学思维。例如在《五指计数》中就渗透了映射等近现代数学概念，避免了将数学概念简单生硬地灌输给孩子，做到了孩子智商与情商培养的统一。

北京四中数学高级教师、数学教育博士

吕宝珠

儿童早期接触数学，不该只是为了提早学到数学知识，更重要的是为孩子点燃心中的数学火焰，激发他们用数学探索世界的热情！从这点来看，本套书是成功的。充满童趣的故事吸引着孩子一步步走向数学，在不知不觉中思考数学，于欢声笑语中感受到数学是好玩的、可爱的、有用的！

上海师范大学小学数学研究室教师、数学教育博士

庞雅丽

故事里的数学

几何花园

[意] 安娜 · 切拉索利 著
[意] 德西代里亚 · 圭恰迪尼 绘
曲少云 译

GUANGXI NORMAL UNIVERSITY PRESS
广西师范大学出版社
· 桂林 ·

GUSHI LI DE SHUXUE　JIHE HUAYUAN
故事里的数学 几何花园

出版统筹：汤文辉　　责任编辑：戚　浩
品牌总监：张少敏　　助理编辑：屈荔婷
质量总监：李茂军　　美术编辑：刘淑媛
选题策划：李茂军 戚　浩　　版权联络：郭晓晨 张立飞
责任技编：郭　鹏　　营销编辑：赵　迪

著作权合同登记号桂图登字：20-2017-006 号

图书在版编目（CIP）数据

故事里的数学. 几何花园 /（意）安娜·切拉索利著；（意）德西代里亚·圭恰迪尼绘；曲少云译. 一桂林：广西师范大学出版社，2023.10
ISBN 978-7-5598-6305-8

Ⅰ. ①故… Ⅱ. ①安… ②德… ③曲… Ⅲ. ①数学课－学前教育－教学参考资料 Ⅳ. ①G613.4

中国国家版本馆 CIP 数据核字（2023）第 157033 号

广西师范大学出版社出版发行
（广西桂林市五里店路 9 号　邮政编码：541004
网址：http://www.bbtpress.com）
出版人：黄轩庄
全国新华书店经销
北京博海升彩色印刷有限公司印刷
（北京市通州区中关村科技园通州园金桥科技产业基地环宇路 6 号
邮政编码：100076）
开本：787 mm × 980 mm　1/16
印张：4.25　　字数：31 千
2023 年 10 月第 1 版　　2023 年 10 月第 1 次印刷
定价：100.00 元（全 4 册）

译序

数学，孩子因需要而发现

毫不夸张地说，我们生活的这个世界离不开数学。我们常常在无意识中使用数学，享受着数学带给我们的便利——购物、报时、踢球、打游戏、做蛋糕……我们每一个人真的是不假思索地进行着数学思考。对于儿童而言，他们最初并不知道什么是数学，为什么要学习数学，但懵懂中，他们开始知道：爸爸需要2个茶杯，妈妈刚刚切好5瓣苹果，爷爷说天阴了可能会下雨，弟弟刚刚吃掉1块奶奶切的三角形蛋糕……生活中的这些好奇激发了他们的兴趣，他们逐渐从观察、模仿和发现中开启了学习模式——用数学思维来思考。大部分父母在发现孩子的这些进步时，都会感到无比的惊奇和喜悦。

然而，很多孩子随着年龄的增长和知识的增多，曾经因好奇而激发的数学兴趣似乎很快便消失了。当父母们焦虑地探讨怎么进行

孩子的数学启蒙，如何让孩子喜欢上数学，数学除了考试还有什么用处的时候，那些本该引发关注的孩子的好奇心却被忽略了——这样的事情往往发生在他们开始真正学习数学以后。从父母到老师，我们每一个对孩子有教育责任的成年人都需要审慎地思考：究竟我们的教育哪里出了问题？是忽视或打击了孩子的好奇心，是过早或错误地给孩子解读了数学，还是过于重视各种表面的数学评定成绩、标准答案？

如果我们在发现孩子有了数学意识的关键期，耐心和孩子数积木、玩弹球，不断发展他们的点数能力甚至运算能力；如果我们看到孩子为了一张撕出来不同形状的纸咯咯笑起来的时候，顺势引导他们探寻更多的形状规律；如果每一次对道理的分析都有理有据，让孩子心服口服……我们又何愁孩子不喜欢数学，不会用数学思维去思考呢？

面对事物时，我们往往自发地因需要产生好奇，因好奇产生兴趣，因兴趣去寻求解决问题的办法。我们获得知识和能力向来遵循这样的学习规律，学习数学尤其如此。

所以，保有对数学的浓厚兴趣才是孩子在数学学习方面持续前行的最大动力，而保护孩子的学习动力，鼓励孩子一直保持学

习动力的最佳方法是和孩子一起思考，共同探究和学习。好的启蒙读物不仅可以陪伴孩子，更能启发家长、老师，让他们和孩子展开恰当的探究性学习。很高兴能够遇到《故事里的数学》，翻译的过程让多年深耕一线数学教育的我感触颇深——我们迫切需要更多这样好的数学启蒙读物与读者相遇。与其说它们有益于孩子，不如直接说它们有益于整个家庭。这套书巧妙地构建了4个数学发现的现实场景，通过故事，呈现了数学最初是怎么来的：我们为了设计自己的房屋发明了几何，为了准确理解他人的意图发明了逻辑，为了数清身边的物品发明了计数方法，为了更多更复杂的社会交易发明了运算……循着有趣的故事情节、细致缜密的发问和探究过程的呈现，孩子们会和大人一起惊喜地发现：原来要这样看待身边的问题，原来这样才能发现数学，原来解决问题的办法竟然如此自然、如此巧妙！

是的，那还犹豫什么，赶紧和我们一起走进数学的世界吧！

我叫埃姆斯。我有一个弟弟和两个妹妹：艾莫斯和纳菲尔提提、纳菲尔塔莉。

我正在写达西特老师布置的作文，题目是：讲述一件你生活中的重要事情。唉，怎么所有的老师都一样！他们从来不会说：“要幸福！要玩得开心！”

突然，灵感来了，我要写一件让人难以置信的事，这件事真的和我有关。那时，我还是个孩子，却获得了法老授予的最高奖章——金甲虫奖。我们兄妹四人和爸爸妈妈住在一栋美丽的房子里。那栋房子不是那种摇摇晃晃、不安全的小屋，而是一栋结实的砖瓦房！

窗外就是尼罗河，里面的鳄鱼多极了，它们都极其凶猛，巨大的嘴里长满了锋利的牙齿……因此，我们这里的三桅小帆船上都有一个瞭望台，方便人们及时发现鳄鱼，躲避危险。

　　说不定我长大了也能成为一名鳄鱼瞭望员。艾莫斯也说，没有什么可以逃得过我的眼睛。

那时候，爸爸去了法老居住的城市底比斯。我们都盼望着爸爸早点回来，渴望着知道爸爸又会从芦苇袋里，魔术般地变出什么超级礼物。上一次旅行，爸爸带回了我们能想到的最好的礼物：一只嘴巴可以开合的木头猫！我们一看见那只猫，就立即争抢起来，谁都想把那只猫据为己有。

超级好玩的是木头猫居然吓到了院子里的老鼠！那些老鼠东躲西藏，它们的“胡子”在风中跳起舞来！其中一些老鼠惊慌逃窜，最终却落入了家猫菲利克斯的爪子里！

每天，商贩、织工和陶工乘坐的三桅帆船会从底比斯最大的市场按时返回。但我们始终没有看到爸爸的身影。我们想，爸爸是全埃及最好的拉绳专家，也许法老留下了他，正在以他应得的待遇款待他呢。

助手法瑞斯和勒皮斯拉紧绳索时，爸爸能画出完美的直线。无论谁想盖一座和我们家一样的漂亮房子，都需要直线，绝对需要！

我和弟弟妹妹平日喜欢同朋友们玩“夺旗挑战”游戏。

借助爸爸工作时用的绳索，我们在沙滩上画出了一条美丽的曲线。这条曲线和太阳、满月的形状相同。当我们用石头吓唬鱼儿时，石头入水后水面上的那一圈圈涟漪也是这个形状。

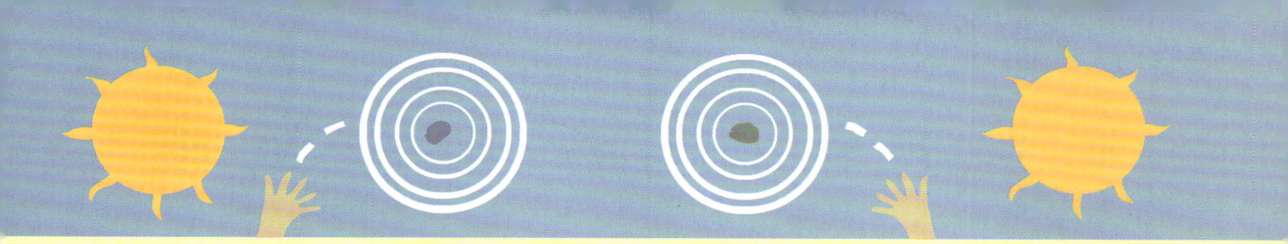

这种曲线非常神奇。当我们都站在曲线上时，插在曲线中心的旗杆到我们每个人的直线距离居然一模一样。通过这种方式确定大家抢旗杆时站立的位置，我们都觉得非常公平。

所以我们喜欢称这种曲线为“无争吵曲线”，大人们则叫它“圆”。我很擅长玩这个游戏，因为我真的跑得很快！我敢打赌，我的速度比蜥蜴快多了！

日子过得很快，可我们始终没有收到有关爸爸的任何消息。妈妈开始担心了。更糟糕的是，尼罗河一天比一天宽阔，水位也不断上涨……水开始冲出河岸，淹没乡村。这样的场景几乎年年都会看到！我们很不喜欢这样的场景：不能去河岸的沙滩上做游戏，不能打水仗，不能追赶在河边喝水的水鸟，更不能打捞美味的虾美餐一顿……可是，农民伯伯看到这样的场景高兴得手舞足蹈。水过之处，他们的土地会更加肥沃，来年的收成会变得更好。如果不想被惩罚的话，千万别抱怨这个时候的尼罗河。切记，不要抱怨！

那天早晨我刚睁开眼，就看到了这样的景象：所有的花园都被河水淹没，鱼儿此起彼伏地跳跃着，想找到更深的水域。

所有的一切看上去都混乱不堪！而我们依旧没有爸爸的消息。

“也许他的三桅小帆船失事了……也许他成了鳄鱼的美餐……”

我们胡思乱想起来。每一天都过得焦虑悲伤，就连那木制的猫咪也不能让我们高兴和振奋了。我是家中的长子，必须在河水回到安全水位时，第一时间出去寻找爸爸。

我们终于看到了陆地，看到了水位回落、波光粼粼的河面。漫长的日子总算熬过去了。

尼罗河好像重新找到了自己的轨迹，呼唤着所有河水跟着它流向远方。我和弟弟妹妹们也决定立刻出发。但是，怎么走？到哪儿找条船去上游的底比斯呢？

“也许我们的邻居纳西姆可以帮助我们！”我对弟弟和妹妹们说，“相比我们这四个缺乏经验的孩子，纳西姆有更多的经验和智慧，重要的是，他有一艘炫酷的三桅小帆船！”

纳西姆呀纳西姆，你究竟在哪儿啊？

当我们找到纳西姆时，他正为了重建花园急得抓耳挠腮呢。他的花园被猛兽一样的河水冲毁了，篱笆东倒西歪，可他连一条直线都画不出来。纳西姆一看见我们，高兴得眉毛都弯了。“孩子们，快来帮帮我。像之前你们爸爸做的那样，利用绳子画条直线！”

说起来，爸爸的工作确实令我们自豪。每年秋天，河水退去之后，爸爸、法瑞斯和勒皮斯就会扛起绳子，沿着河岸去重绘所有花园的边界线。“这块是我家的！”“不，我发誓是我家的！如果不是，就让黄蜂来蜇我的光头！”测绘是防止居民们争吵的唯一方法。但我们这些孩子可不是什么测绘专家！我们甚至不清楚如何画一条直线，更不用说处理复杂的数据了。

我只在爸爸的书里看到过一些介绍。那本书是……是《伟大的尼罗河岸的莎草纸几何》。

可纳西姆认为我们能做到。他还说：“搞不定花园边界，你们休想借三桅小帆船！”没见过这么顽固的老头！

唉！弟弟妹妹们捉蚱蜢去了，不用猜也知道他们想把蚱蜢蘸蜂蜜烤着吃。一想起香脆可口的美味，我就口水直流。那么，怎么搞定纳西姆家花园的边界呢？我找出爸爸的莎草纸设计图，像爸爸那样研究起来。弟弟妹妹们也一个个凑过来出主意。我们搞清楚每一个设计之后，感觉纳西姆家花园的形状应该是法老要求的那种四边形。

法老要求的是什么呢？法老喜欢所有的事物都是相等的，所以花园的边界应该是长度相同的四条边。

说干就干！我们找来四条长度相同的绳子，把它们首尾系在一起。纳菲尔提提和纳菲尔塔莉一组，艾莫斯和我一组，我们分别将绳子向外拉直。纳西姆神色凝重地站在一旁，不安地看着我们。我们使出吃奶的力气使劲拽绳子，不断调整绳子。最终，和书上非常接近的形状出现了。纳西姆可不这么想。看到这个形状，他撕扯着自己的头发，大声冲我们喊叫：

“我的花园可不是这样的形状！哦！那位可怜的父亲在哪儿啊，瞧瞧这群没用的孩子！难道你们看不到紧挨棕榈树的那个角吗？那一点地方甚至种不下一棵花椰菜，我的宝贝们！四个角必须符合法老的要求，必须相等！”

我们尝试着增大比较小的两个角：两个妹妹试着走近一点，而我和弟弟则各自后退几步。结果另外两个角又变得太小了。

一旁的纳西姆又开始着急了："我的花园不是这样的。它不仅四条边相等，而且四个角也相等！我的花园是正方形，一个非常、非常完美的正方形。快去找你们爸爸的工具，肯定能找到一条神奇的绳子，那条绳子可以瞬间量出正确的角是多大。"那边篮子里确实有绳子。爸爸尤其爱惜其中的那条彩色绳子，他以前总是和我们说，千万别动它……是的，它就在那儿。

那条绳子上有十二个结，每个结之间的距离相等。人们叫它“正方形绳”。只要固定好正方形绳的三条边，蓝色绳与红色绳之间的角就是确定的。而这个角正是我们需要的角。爸爸叫它直角。

它真正的伟大之处是：我们仅仅确定了花园的一个直角，然后拉紧之前围成四边形绳子的四个结，其他三个角自然就跟着确定为直角了。简直像变魔术一样，太不可思议了！这样，花园立刻有了正确的边界：四条边长相等，四个角也相等。多么完美的形状！

我们禁不住齐声欢呼：“正方形万岁！”

年龄最小的妹妹——纳菲尔塔莉——尽管说话嘟嘟哝哝，表达还不太清楚，也跟着我们喊起来：“正方形万岁！正方形万岁！”

“正方形？谁起了这么一个名字。”我们一边嘻嘻哈哈地猜测，一边在地上画出这个正方形的边界。纳西姆非常满意，沿着我们画出的痕迹建起了新的栅栏。我们也借到了那艘三桅小帆船。纳西姆不停地唠叨着：“一定要小心使用，千万不要大意啊！”一点也不信任我们！其他农民看到了纳西姆的正方形花园，也跑过来央求我们：“给我们家也画个相同的花园吧。我会给你们很多枣和蜂蜜做报酬。千万不要离开！求你们了，再拉一次绳子吧！”

可是，我们还有更重要的事情要做呢！

这次航行十分危险，可能没人相信我所说的。“风暴、闪电、鳄鱼”这三个词足以描述这次航行的特点！

我想重点讲一讲妹妹纳菲尔提提的壮举。她能用棍子撑住巨大鳄鱼的嘴，让鳄鱼的嘴一直张着，不断灌水……也许长大以后，我能当上鳄鱼瞭望员，而妹妹可能会成为鳄鱼的主人！

我们终于到达了底比斯。我的爸爸，伟大的伊姆霍太普，正在指挥人们建设金字塔。爸爸是在众多杰出的拉绳专家中被选中的，他的工作是设计巨大的正方形基座。我们到达那里的时候，恰好赶上了工程最重要的时刻：

爸爸必须要找到金字塔顶端的那一点在地面上的垂直投影位置。

在场的每个人都静静地注视着这个最艰难的操作过程，就连婴儿都停止了哭泣。爸爸指挥助手们成功地在正方形里画出了两条特殊的直线，这两条直线的交点恰好就是正方形的中心，这个中心就是金字塔顶端在地面上的垂直投影位置。

人群欢呼起来：“伊姆霍太普万岁，伟大的伊姆霍太普！”这时，爸爸看见了我们兄妹四人，神采奕奕地跑了过来，向我们询问妈妈的情况。

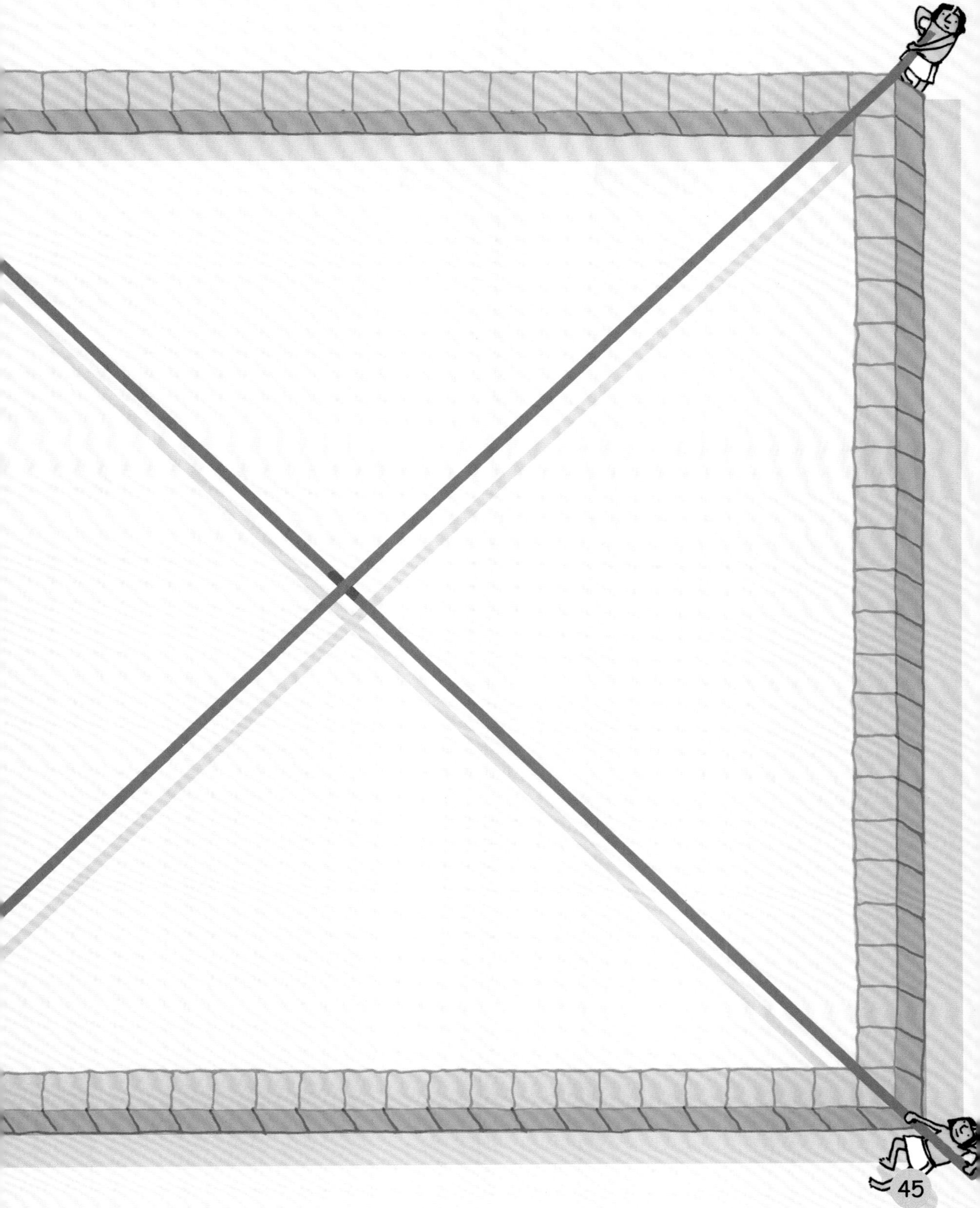

爸爸带着我们觐见了法老。伟大的辛努塞尔特看到我们后，从头到脚打量了我们一番，和蔼地询问我们是怎么到达这里的。于是，我向法老讲述了河水暴涨、遭受破坏的正方形花园和重建花园的过程。我讲得绘声绘色，伟大的辛努塞尔特，这位最威严的法老，听了深受感动，当即发布谕旨：

“因修建法老正方形花园功劳显赫，特授予这几个孩子金甲虫奖。”

这就是发生在我身上的那件事。

那件珍贵的，哦，不，是最珍贵的珠宝现在就挂在妈妈的脖子上。当时，我们从底比斯一回到家，就高兴地把它送给了妈妈。

故事到这里就结束了，希望我没有太多遗漏。现在，我要和弟弟妹妹们去玩了，希望达西特老师明天可以给我打个高分！

“孩子们，来看看埃姆斯有多厉害吧！他生活在大约四千年以前，那时候人们才刚刚开始研究几何。”

“要是我出生在埃姆斯生活的那个时代的埃及，我敢肯定我会和他成为好朋友。被鳄鱼包围的时候，他简直太勇敢啦……”

“依我看，这篇作文写了这么长，还配了这么多图，老师一定会给他打 A+ 的。我所有作文中最长的那篇也就 3 页。”

“老师，他们当时怎么会不知道如何画正方形呢？这是多么简单的事情啊。”

“不，不，正方形可一点也不容易画！我们现在见得太多了，但是在以前，有相当长的一段时间根本见不到正方形。闭上眼，想象一下你是那些生活在山洞里的远古人，你的周围存在正方形吗？”

 “嗯……可以确定根本没有。如果没有任何人为修建的东西，当然也不会有任何正方形。”

“但圆形应该有吧，毕竟可以看到太阳和月亮。”

“下面就是埃姆斯和他的弟弟妹妹们得到金甲虫奖的原因：确定正方形是一个伟大的创举，而且仅仅使用了绳子！当时，绳子代替了直尺、圆规和三角尺，如今所有学生的笔袋里可能都装着这三样工具。这同时也解释了，为什么几何学家在当时被称为‘结绳专家’。”

“老师，我们现在可以见到很多正方形和长方形。而且，正方形和长方形看上去很相近。”

 “是的。正方形是一种特殊的长方形：它是边长相等的长方形。”

 “纳西姆太刻薄了！孩子们想帮助他，他不该那样指

责他们。他们做了最大的努力。但是没能确定直角，他们只能得到压扁的正方形。”

“你说的‘压扁的正方形’就是‘菱形’。”

“但是，老师，菱形看上去很像正方形，也有等长的四条边。”

1
2
3
4
1
2
3
4
1
2
3
4

“非常好！如果仔细分析一下就会知道，正方形是特殊的菱形，是四个角都是直角的菱形。其实，正方形既是一种长方形，也是一种菱形。就像你一样，你既有妈妈家族的卷发基因，也有爸爸家族的红发基因。同样的道理，正方形因为是长方形家族的成员，所以有直角；它又是菱形家族的成员，所以有等长的四条边。明白了吗？”

“明白！”

“让我们向他们致敬！等以后有机会，我们也尝试只用绳子在校园里建一个漂亮的正方形小花园。”

名家推荐

本套书最难能可贵之处在于，将数学抽象的概念恰到好处地融入风趣幽默的故事当中，并涵盖了一定的人文知识、哲学智慧、推理能力，让孩子在潜移默化中接受多种思想的启蒙。让数学不再抽象，不再枯燥，为孩子种下一颗热爱数学的种子，让孩子真正融入数学的世界。

著名幼儿数学教育专家、“儿童数学思维训练”课程创始人

何秋光

这套精美的数学绘本涉及数的产生和计算、几何图形的性质与特征以及简单的逻辑推理等多个主题，把故事和数学概念有机地结合起来，潜移默化地培养了孩子的数学思维。例如在《五指计数》中就渗透了映射等近现代数学概念，避免了将数学概念简单生硬地灌输给孩子，做到了孩子智商与情商培养的统一。

北京四中数学高级教师、数学教育博士

吕宝珠

儿童早期接触数学，不该只是为了提早学到数学知识，更重要的是为孩子点燃心中的数学火焰，激发他们用数学探索世界的热情！从这点来看，本套书是成功的。充满童趣的故事吸引着孩子一步步走向数学，在不知不觉中思考数学，于欢声笑语中感受到数学是好玩的、可爱的、有用的！

上海师范大学小学数学研究室教师、数学教育博士

庞雅丽

故事里的数学

超能运算

[意] 安娜·切拉索利 著
[意] 费德里科·马里亚尼 绘
曲少云 译

GUANGXI NORMAL UNIVERSITY PRESS
广西师范大学出版社
·桂林·

GUSHI LI DE SHUXUE　CHAONENG YUNSUAN
故事里的数学 超能运算

出版统筹：汤文辉　　责任编辑：戚　浩
品牌总监：张少敏　　助理编辑：屈荔婷
质量总监：李茂军　　美术编辑：刘淑媛
选题策划：李茂军 戚　浩　　版权联络：郭晓晨 张立飞
责任技编：郭　鹏　　营销编辑：赵　迪

Original title: 10+ IL GENIO SEI TU
Texts by Anna Cerasoli
Illustrations by Federico Mariani
Graphic design by Sandra Zorzetti

www.editorialescienza.it
www.giunti.it
The simplified Chinese edition is published by arrangement with Niu Niu Culture Limited.

著作权合同登记号桂图登字：20-2017-006 号

图书在版编目（CIP）数据

故事里的数学. 超能运算 /（意）安娜 • 切拉索利著；（意）费德里科 • 马里亚尼绘；曲少云译. —桂林：广西师范大学出版社，2023.10
ISBN 978-7-5598-6305-8

Ⅰ. ①故… Ⅱ. ①安… ②费… ③曲… Ⅲ. ①数学课－学前教育－教学参考资料 Ⅳ. ①G613.4

中国国家版本馆 CIP 数据核字（2023）第 157032 号

广西师范大学出版社出版发行
（广西桂林市五里店路 9 号　邮政编码：541004
网址：http://www.bbtpress.com）
出版人：黄轩庄
全国新华书店经销
北京博海升彩色印刷有限公司印刷
（北京市通州区中关村科技园通州园金桥科技产业基地环宇路 6 号
邮政编码：100076）
开本：787 mm × 980 mm　1/16
印张：4.25　　字数：31 千
2023 年 10 月第 1 版　　2023 年 10 月第 1 次印刷
定价：100.00 元（全 4 册）

译序

数学，孩子因需要而发现

毫不夸张地说，我们生活的这个世界离不开数学。我们常常在无意识中使用数学，享受着数学带给我们的便利——购物、报时、踢球、打游戏、做蛋糕……我们每一个人真的是不假思索地进行着数学思考。对于儿童而言，他们最初并不知道什么是数学，为什么要学习数学，但懵懂中，他们开始知道：爸爸需要2个茶杯，妈妈刚刚切好5瓣苹果，爷爷说天阴了可能会下雨，弟弟刚刚吃掉1块奶奶切的三角形蛋糕……生活中的这些好奇激发了他们的兴趣，他们逐渐从观察、模仿和发现中开启了学习模式——用数学思维来思考。大部分父母在发现孩子的这些进步时，都会感到无比的惊奇和喜悦。

然而，很多孩子随着年龄的增长和知识的增多，曾经因好奇而激发的数学兴趣似乎很快便消失了。当父母们焦虑地探讨怎么进行

孩子的数学启蒙，如何让孩子喜欢上数学，数学除了考试还有什么用处的时候，那些本该引发关注的孩子的好奇心却被忽略了——这样的事情往往发生在他们开始真正学习数学以后。从父母到老师，我们每一个对孩子有教育责任的成年人都需要审慎地思考：究竟我们的教育哪里出了问题？是忽视或打击了孩子的好奇心，是过早或错误地给孩子解读了数学，还是过于重视各种表面的数学评定成绩、标准答案？

如果我们在发现孩子有了数学意识的关键期，耐心和孩子数积木、玩弹球，不断发展他们的点数能力甚至运算能力；如果我们看到孩子为了一张撕出来不同形状的纸咯咯笑起来的时候，顺势引导他们探寻更多的形状规律；如果每一次对道理的分析都有理有据，让孩子心服口服……我们又何愁孩子不喜欢数学，不会用数学思维去思考呢？

面对事物时，我们往往自发地因需要产生好奇，因好奇产生兴趣，因兴趣去寻求解决问题的办法。我们获得知识和能力向来遵循这样的学习规律，学习数学尤其如此。

所以，保有对数学的浓厚兴趣才是孩子在数学学习方面持续前行的最大动力，而保护孩子的学习动力，鼓励孩子一直保持学

习动力的最佳方法是和孩子一起思考，共同探究和学习。好的启蒙读物不仅可以陪伴孩子，更能启发家长、老师，让他们和孩子展开恰当的探究性学习。很高兴能够遇到《故事里的数学》，翻译的过程让多年深耕一线数学教育的我感触颇深——我们迫切需要更多这样好的数学启蒙读物与读者相遇。与其说它们有益于孩子，不如直接说它们有益于整个家庭。这套书巧妙地构建了4个数学发现的现实场景，通过故事，呈现了数学最初是怎么来的：我们为了设计自己的房屋发明了几何，为了准确理解他人的意图发明了逻辑，为了数清身边的物品发明了计数方法，为了更多更复杂的社会交易发明了运算……循着有趣的故事情节、细致缜密的发问和探究过程的呈现，孩子们会和大人一起惊喜地发现：原来要这样看待身边的问题，原来这样才能发现数学，原来解决问题的办法竟然如此自然、如此巧妙！

是的，那还犹豫什么，赶紧和我们一起走进数学的世界吧！

他叫卡洛斯，但所有的人都叫他帅哥儿。他是名副其实的帅哥！他长着黝黑明亮的双眸、细长浓密的睫毛；牙齿瓷白得恰到好处，上方是潮润的小鼻子；嫩枸杞叶般的 2 只耳朵挺拔地伸向上方；4 条腿秀美而健壮，能以闪电般的速度腾跃而起。

毫无疑问，卡洛斯是真正的美男子！

和卡洛斯相比，弟弟布利尽管长相没有哥哥那么迷人，却身体强健。如果把 2 袋面粉绑在一边，他能同时驮起 4 袋面粉，布利的体力简直无与伦比！

必须承认，布利是真正的好汉！

而兄弟俩的表兄斯利姆，则头脑聪明、洞察力极强，拥有罕见的推理能力。他分析问题时有理有据，因此他得出的结论往往就是定论。没有人能反驳他。

不得不说，斯利姆真的是个天才！

3 头驴子，卡洛斯、布利和斯利姆，一起去过很多地方。一天，他们在报纸上看到了一条令人震惊的消息："几个世纪以来，我们服务于人类，我们背负着沉重的包袱，甚至替代水车拼命劳作……结果呢？现在我们即将灭绝了！"

我们必须做些什么！
你来定！
必须找到伴侣！必须这么做！

于是，3 头驴子决定周游世界，去寻找心仪的伴侣。

也许是因为正值美好的春天，也许是因为他们容貌可爱，也许仅仅是运气不错，没花多长时间，他们就分别找到了自己喜欢的另一半。

脚下是鲜嫩的草，眼前是蔚蓝的海，在这样的良辰美景中，3 对情侣初次邂逅。

卡洛斯一眼就喜欢上了斯特拉，她最漂亮。

布利一眼就喜欢上了丽丽，她最健美。

斯利姆爱上了尼莉，她最聪明。

姑娘们也爱他们吗？是的，他们一见钟情了！

他们都想有个家，好过上快乐安稳的生活。于是，他们你跟着我，我引着你，动身去寻找可以安家的完美之所。走啊，走啊，走啊，他们终于看到了一处风景优美的地方，远远望去，在一片郁郁葱葱、枝繁叶茂的大树底下好像坐落着一个旧农场！

斯利姆反应最快，他说：“去看看。如果这里真的是农场，我们就能在此安家了。”

果然是一个农场！这里有吃有喝，还有活儿干。

他们发现，这里有不少事情需要做！农场的主人是两对老夫妻，由于年事已高，他们从事不了多重的体力活儿。

年龄最大的是贝蒂，然后是弗雷德。卡洛塔 100 岁了，而约翰尼比卡洛塔还要年长一点。

试着把4位可爱的老朋友按年龄大小排序

一下子来了 6 头驴子，他们高兴得蹦了起来。

当然，他们可能没有真的蹦起来……但是农场来了帮手，他们真的非常高兴！

“我们准备一张 10 人餐桌吧！”贝蒂很快反应过来，“我们有橄榄油面包和番茄，新来的朋友可以吃到丰盛的草料和玉米。”

吃过午饭，弗雷德说出了自己的想法：“尊敬的驴先生、驴女士，我们 4 个老人，有 4 张嘴要吃东西，8 条胳膊还能干点活儿。现在，6 位大驾光临，就多了 6 张嘴要吃东西。那么，你们有多少条腿干活儿呢？”

驴子们你看看我，我看看你，没人能说得出总数。但大家一致同意：腿的数量应是 4 + 4 + 4 + 4 + 4 + 4。

弗雷德继续说：“无论结果是多少，我们很高兴和你们合作，也会尊重你们。”

斯利姆感激地回应道："我们只需要一些干草和一个稳定的住所。"其他驴子微笑着表示赞同。

到了晚上，6 头驴子被安排在农场小院里住下。大家既激动又快乐，只听斯利姆——这位哲学家——说了一句名言：

德国著名哲学家康德曾经说过一句类似的名言：“这个世界上唯有两样东西能让我们的心灵感到深深的震撼：一是我们头上灿烂的星空，一是我们内心崇高的道德法则。”斯利姆真不愧是驴子之中的哲学家呀！

第二天，在丽丽的帮助下，布利开始利用榨油机榨油，以便拿出更多、更好的油到城里去卖。

卡洛斯则一早就整理起庭院来。他又是浇花又是修门，一会儿就让整个庭院生机勃勃起来。这期间，斯特拉一直默默地做他的助手。看到农场的变化，到访的客人都惊叹不已。

尼莉和斯利姆忙着处理账目。他们列出了购物清单，以及市场上正在生产和出售的商品。

尼莉说："我们必须确保收回来的钱多，花出去的钱少，这样才会赚钱！不赚钱就没有能力招待其他驴子。"

“这可是经济学问题！”斯利姆沉思道，“光知道拉磨可不够！只有上学才能学到有关算术的知识。我们需要开个会，讨论一下谁去最合适。不晚于 6 点，也不要早于 5 点，我们在客厅圆桌旁见。”

开会时间：
4点和5点之间，
5点和6点之间，
还是6点以后？

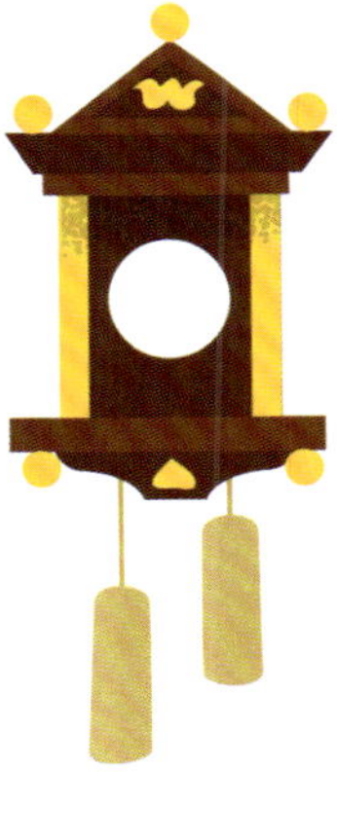

5 点刚刚过 5 分，除尼莉外的几头驴子已经围坐在圆桌旁，等着开会。每头驴子都在想：“假如大家选我怎么办？假如我被关在教室怎么办？”就在这时，尼莉突然闪了进来。一切来得太突然了……她脚下一滑，砰的一声就摔倒了，然后一动不动地趴在地上。大家立刻冲了过去，忧心忡忡地看着她。尼莉双目紧闭，尾巴像鸡毛掸子一样杵在那儿！

可怜的尼莉……

她那么聪明，
怎么会摔倒呢？

只是，哦……她动了动身体，慢慢睁开眼，抬头看了看四周。

其他驴子表示赞同：“非常聪明！没谁能这么思考！”现在，他们心里都很清楚，尼莉正极力向大家证明她是被派去学习的最佳人选。

当大家告知她最终结果时，她只呢喃了一句“但是学校很讨厌驴子的……”之后，便满怀希望地出发了。

路上，她遇到了一大群羊，他们正紧挨着慢悠悠地一起向前行进。

牧羊犬告诉她：“我们要去温暖的地方过冬。”显然，牧羊犬对自己能执行这样的任务感到非常自豪。“如果跟着我们走，你会派上用场的。”尼莉答应了。她很快发现，自己背上多了一袋重物，里面装着 4 只刚刚出生的、行动还很缓慢的小羊羔。

小羊羔的妈妈们紧紧跟在尼莉身边，并没有返回羊群。她们不断给自己的宝贝擦鼻子，好像在对他们说：“妈妈在这儿，妈妈不会丢下你的，宝贝。”

真心祝福这 4 只小羊健康快乐！

当看到大海的时候，羊群想停在一大片草坪上歇息一会儿。草坪上鲜嫩的牧草正是羊群充饥的美味。尽管有些不舍，尼莉还是在这里告别了羊群。

现在，她必须考虑学习的事了。学校离这里不远，在村子的广场旁边。学校的窗户上都贴着窗纸，校园里还有 1 个可爱的花园和 7 个在鲜花丛中休息的小矮人。

看到这些，尼莉心中的恐惧顿时消失了。

她充满自信、毫不迟疑地走了进去。

她已经做好了准备，学习更多的知识，努力成为人们所说的圣人。

她刚走进学校，就看到了可怕的一幕。校长办公室大门的上方写着：

大家说的果然没错，学校不欢迎驴子！尼莉恨不得立刻离开这里。

她转身就跑，却被人拦下了，拦住她的不是别人，正是校长！校长的鼻子上长着一个奇怪的瘊子，活像一颗圆溜溜的鹰嘴豆（校长因此有了外号“鹰嘴豆”）。

可尼莉根本没听到他说什么，她向周围瞥了一眼，哧溜一下钻进了她看到的第一间教室里。

“哇，这么多的孩子！那个站在黑板前的一定就是老师吧！”尼莉心想。

尼莉猜的完全正确。事实上，老师正在和学生们讨论一个问题：

老师转向尼莉说：“小姐，既然您来听课，那么请您来回答这个问题。”

尼莉刚要张口，一个洪亮低沉的声音从她身后传来。

声音是校长“鹰嘴豆”先生的，他跟在尼莉的身后，也进来了。他说：

可尼莉觉得答案不对，她思考着这个问题。

一番深思熟虑后，尼莉肯定地说：“不，老师，答案是 4，查尔斯比马修多 4 块糖。”

“棒极了，驴子小姐！”老师说完，教室里立刻响起掌声。老师继续说道：“告诉我，您是怎么猜到的？”

“老师，我不是猜的，是推理得出的答案。我妈妈总说：‘可爱的尼莉，要记住，你的脑袋不只是用来分开 2 只耳朵的，尽管它漂亮地顶着耳朵，但它可是用来推理的。’我认为，如果查尔斯比之前多了 2 块，马修一定少了 2 块，这就是为什么他们差了 4 块，而不是 2 块！”

如果现在马修和查尔斯各吃一块自己的糖果，那么查尔斯比马修多了几块糖果？

那天以后，每当孩子们正确回答了问题，老师都会说：“干得不错，你是一头真正的驴子！”

尼莉如愿进入学校上课，还获得了不错的成绩。她学会了很多知识，得到了学校每一个人的尊重。校长还修改了办公室大门上方的文字。

离开学校的时候，尼莉和朋友们一一道别。一路上，她特别希望自己可以再次碰到羊群。然而，沿途她只发现了一些他们经过的痕迹，并没有遇到羊群。

她一会儿慢走，一会儿小跑，有时候还不得不原路返回。离开了一段时间，她竟然不太记得回家的路了。

当她走到第一个岔路口时，问题来了，究竟是向右，还是向左呢？

她选了一条路继续前进……好吧，好吧，现在她想起来了，当时她选择了向左走。很明显，这条路不是回家的路。要想回到家，需要返回岔路口，重新选择向右走。这是她在学校学会的另一件事：回到起点，从头开始。

尼莉站在岔路口：
要想回家，是向右，
还是向左呢？

她就是这样做的，最后终于找到了农场！在距离很远的地方，她就认出了农场的 5 棵大树，还有向她招手的 9 个朋友。老人们挥舞着手帕，驴子们使劲摇着尾巴。尼莉太高兴了，一口气跑到了家，累得趴在地上呼哧呼哧地大口喘气。离开了这么长时间，再见到朋友们真是太激动了！相互问候之后，卡洛斯恭敬地走过来，问：“能和我们说一说，你在学校学了些什么吗？”

朋友们的热情感染了尼莉。她看着朋友们，谦虚地轻声回答：

“你不知道的事？那你在学校的这段时间都干了什么？”大家惊讶地问。

“在学校我知道了，除了我已经读过的书和学习过的知识之外，还有更多的事情我不知道，更多的书我没有读过。”

“哦，这是我们需要的吗……一位驴子哲学家！”朋友们嘟囔着。

“别担心，我们需要的算术我已经掌握了，明天就讲给大家听。”尼莉说。

说完，她很想喝一杯毒堇——那种能给驴子补充能量，却对人类有毒的草药茶解解渴。

大家听完，长舒了一口气。农场看来可以继续经营了。

第二天，大家来到新成立的尼莉学校，一起欣赏尼莉的才艺。尼莉聘用了小母鸡为助理。初次见面，小母鸡立刻做了自我介绍。

“我给大家讲讲我的故事。我出生于一个农场，刚一出生就听到农场主对他的妻子说：‘你什么都不懂，头脑简直像小鸡一样幼稚简单。’从那时起，我就对自己说：‘假如我此生只剩最后一件事情要办，那一定是证明头脑简单的是农场主，他的想法是错的！’于是我开始学习数字和算术。现在，算术已经成为我生命中的一部分，而学习算术并没有花去我多长时间。”

我是和其他 5 只小鸡一起降临到这个世界的。

随后，又有 7 只小鸡相继出生，就在那时妈妈被凶猛的狐狸叼走了，丢下了可怜的我们。

我们加到一起一共是 13 只小鸡，
这让我懂得了什么是加法。

你的生活中也会出现四则运算吗？
在哪些情况下会出现呢？

妈妈在世时，每当喷气飞机从头顶飞过，我们都会赶紧躲到妈妈的翅膀下。如果空间不够，有时候我会躲到妈妈的尾巴下面。我很害怕，总觉得飞机可能会看到我……

等我们稍稍长大一些后，在一个晴朗的日子，农场主挨个仔细地检查了我们，还把我们小母鸡和 5 只小公鸡分

开。小公鸡们被带到了屠夫先生的家里。当时，加上我，一共留下了 8 只鸡，这让我懂得了什么是减法。

一段时间后，农场主每天来一趟鸡舍，每次来都在铺满稻草的篮子里寻找东西，每次离开时都大声嚷嚷："一群忘恩负义的东西！"我们根本不明白究竟是怎么回事。终于有一天，我们开始下蛋了，这才明白，原来他要找的是这些蛋啊。我们每只母鸡每天都会下 1 颗蛋，一到傍晚篮子里就会有 8 颗蛋。农场主把蛋统统收走，放进盒子里。

屠夫先生每 3 天会来一次农场，取走盒子里的蛋，给农场主和他的妻子留下 2 块牛排作为交换。

当屠夫先生从盒子里取蛋的时候，他总是一边数，一边念叨："干得好，小母鸡。又完成任务啦，3 个 8 是 24，一共 24 颗蛋。"这就是简单的乘法！

我们总是向农场主打听那些公鸡朋友的近况，但他假装没听见，从不回应。他每次都会把 24 颗鸡蛋每 6 颗一组装盒，如果这些鸡蛋没有破（有一次，一只老鼠从他脚

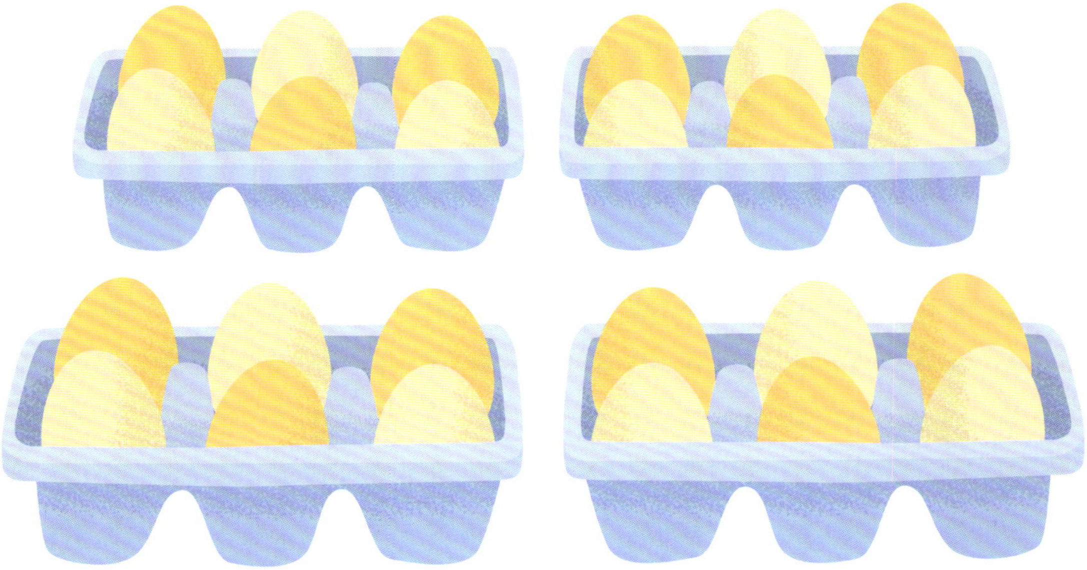

上突然窜过，他弄破了 1 颗蛋），恰好可以装满 4 盒。这就是除法。每次装满盒子，他都满意地说：“24 除以 6 得 4，又装好了 4 盒。”

最后，小母鸡总结道：“亲爱的朋友们，我想，正如尼莉所期望的，我已经解释得很清楚了。算术其实并不像人们说的那么难，你们完全可以相信一只鸡的智力！”

小母鸡话音刚落，立刻听到了热烈的掌声。尼莉奖励了小母鸡一堆最好的、金黄色的玉米，小母鸡微笑着感谢了在场的每一位朋友。4 位老人则激动得热泪盈眶：直到今天，他们仍清楚地记得那段美好的过去——很久以前，他们在学校头一次听到加减乘除的那些日子。

接下来，尼莉老师正式开始上课了。她说：“正像我的助理所描述的那样，生活中处处需要算术。下面我们一起来学习如何计算。请大家跟我来！”

沿着农场的小道，尼莉挖好了一条细长的沟渠。顺着沟渠，她插了一溜数字，从 1 到 100。

“我保证，谁学会了运算法则谁就能得到一块蛋糕。准备好了吗？现在有 6 只小鸡，又来了 7 只，为了知道 6+7 是多少，小母鸡将从 6 开始，向前走 7 步。”

小母鸡认真完成了尼莉老师的指令，发现自己站在数字 13 的位置。

“我刚才是怎么说的！多简单的问题！”

在场的所有人都满意地点点头，禁不住鼓起掌来。

“下面我们分析一下减法。农场主一共有 13 只小鸡，送走了其中的 5 只小公鸡，剩下多少只小母鸡？为了知道这个结果，助理将从现在的位置 13 开始，向后退 5 步。大家仔细看这次的结果！”

小母鸡照着尼莉老师的话一步一步走完，发现自己站在数字 8 的位置。顿时，现场响起了更热烈的掌声。

“现在要注意啦，接下来是一个重要的时刻：我们看看乘法！如果小母鸡们每天下 8 颗蛋，3 天能下多少颗蛋？”

这时，一直认真听课的贝蒂肯定地说：“鸡蛋的个数应该是 3 个 8，也就是 3 乘 8 ！”贝蒂的牙齿已经掉光了，说话时有些口齿不清。

“完全正确！”尼莉说，“这就是乘法。尽管还是 3 步就可以完成，但每一步可不像原先那么简单了：每一步小母鸡都要跳 8 个位置！”

小母鸡站在沟渠的起点。此时，大家兴奋地观察着，窃窃私语。

小母鸡静静地等着……预备，1 个 8，2 个 8，3 个 8，优雅的三段式跳跃让她直接跳到了 24。小母鸡展开双翼，微微屈膝，微笑着向数字 24 行了一个屈膝礼。

“啪啪啪——”“嘘嘘嘘——”掌声夹杂着口哨声此起彼伏。

尼莉示意大家安静，然后继续说："各位同学，现在我们只剩除法没学了。24 颗蛋要每 6 颗分为 1 组，因为屠夫先生带来的盒子，每盒只能装 6 颗蛋。为了知道 24 颗蛋一共能装几盒，现在需要可爱的小母鸡助理为我们再跳一次。这一次她要往回跳了，而且有一定的风险！她需要从 24 开始，每次往回跳 6 个位置，直至回到起点。同时，在跳的过程中需要记住跳跃的次数，这个次数就是除法的结果。好，预备——！"

小母鸡助理面露难色，不过，当她听到不断响起的鼓励的掌声后，还是抖了抖翅膀，振作起来。

起——跳——！激动的人群不约而同地跟着她的节奏齐声数道：“1——2——3——4！”

说话间，小母鸡优雅落地，稳稳地站在起点的位置。那一刻，人群中爆发出响亮的掌声！

弗雷德边鼓掌，边激动地说：“能装 4 盒。”

所有人都兴奋不已，斯利姆更是激动得三蹦两跳，蹦到尼莉跟前，给了尼莉一个深深的吻。面对刚刚完成的这次成功教学，或者说成功计算，助理提议：开设一所大学吧。她会叫上好朋友鹅一起来学习的。

这个提议帮助尼莉想到了一个新点子：开办一个模范农场。

大家学会了算术，这是最好的时机。模范农场正式开业了！在这里，每个人都是主人，都有自己能胜

任的工作，都可以找到属于自己的幸福生活。这个消息很快传播开来，大家一传十、十传百，很快传到其他驴子的耳朵里，他们纷纷跑来询问：“我们能加入吗？”

一天，农场来了 2 个男人，一个想为他的化妆品厂采购一些驴奶，一个想把驴奶带回去治疗儿童过敏症。农场经营状况越来越好，驴子的数量渐渐多起来。

一个晴朗的早晨，校长“鹰嘴豆”先生带着 1 个班级的学生来到农场，并正式邀请 2 头驴子常住学校操场。为什么呢？因为驴子不仅能和孩子们做游戏，还能吃掉操场上的杂草。市长也要求至少派 10 头驴子去挽救面积庞大的橡树林，那里曾经是小镇的骄傲，如今却满是荆棘。

模范农场取得了巨大的成功。报纸上的报道是这样描述的：“驴子将不再面临灭绝的风险！”

他们的许多话被反复引用。智者斯利姆发表了宣言：

布利建议：“大家要改变思路！少一些懒惰，多一些锻炼！”卡洛斯则带着神秘的微笑出现在《晨报》的头版，邀请大家去参观美丽的模范农场。

现在，你来试一试吧！

1 如果 6 颗鸡蛋装 1 盒，售价 3 元，那么 4 颗鸡蛋装 1 盒，售价是多少元？

2 8 只母鸡，每只母鸡每天下 1 颗蛋，统统被农场主收走放进盒子里。每 3 天，屠夫会取走盒子里的鸡蛋，给农场主和他的妻子留下 2 块牛排作为交换。屠夫用 1 块牛排可以换到几颗鸡蛋？

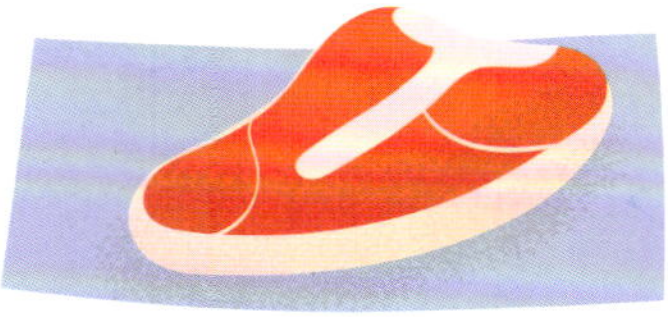

3 8 只母鸡中有 5 只不下蛋。如果 1 盒装 6 颗鸡蛋，恰好装满 4 盒需要几天？

4 8 只母鸡，每只母鸡每天下 1 颗蛋。屠夫每 3 天去一次农场。一天，屠夫忘了去农场。那么，第二天他去农场，如果 1 盒装 4 颗鸡蛋，可以装满几盒？

5 1 盒鸡蛋售价 3 元。如果屠夫卖掉 4 盒，可以卖多少钱？

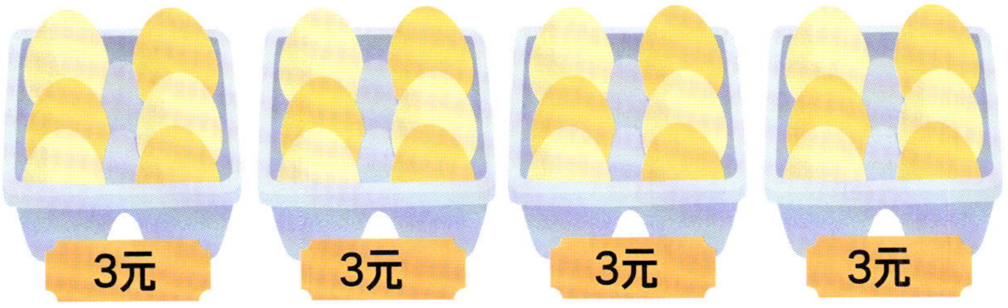

6 请在数轴上寻找以下数字：

a. 数字 9 前面那个数字的前一个数字；

b. 数字 5 前面那个数字的后一个数字；

c. 4 乘 2 的得数后面的那个数字；

d. 4 后面那个数字乘 2 的得数；

e. 6 头驴子一共有几条腿；

f. 如果 1 盒装 6 颗鸡蛋，18 颗鸡蛋装几盒？

7 奇数后面的奇数个数字，或偶数后面的偶数个数字，是奇数还是偶数？

8 如下图所示，6 头驴子站成一列。现在，他们一齐向后转，原先排在位置第一的成了最后一个，排在最后一个的成了第一个，其他驴子的位置也发生了相应的变化。那么，在新的队列中，布利排第几？

9 几头驴子站成一列。现在，他们一齐向后转，原先排在位置第一的成了最后一个，排在最后一个的成了第一个，其他驴子的位置也发生了相应的变化，而位置第三的驴子却仍然排在第三。那么，这个队列中一共有几头驴子？

10

卡洛斯决定花 4 元生产 1 升油。如果卖掉这 1 升油，赚的钱是花的钱的一半，1 升油要卖多少钱？

11

你和你的朋友有相同数量的糖块。你的朋友给了你 3 块，他现在比你少几块？他现在比自己开始时少几块？

12

驴子们买了一台现代化的机器人，用来清扫农场的街道。机器人外出时吸尘，返回时冲洗。现在机器人外出吸尘收到的指令是：向前 1 步，向右 2 步，向前 2 步。

同一条街道，它返回清洗需要什么指令？

答案

（1）2 （2）12 （3）8 （4）8 （5）12

（6）a.7；b.5；c.9；d.10；e.24；f.3 （7）偶数

（8）第四 （9）5 （10）6 （11）6，3

（12）后退2步，向左2步，后退1步。

名家推荐

本套书最难能可贵之处在于，将数学抽象的概念恰到好处地融入风趣幽默的故事当中，并涵盖了一定的人文知识、哲学智慧、推理能力，让孩子在潜移默化中接受多种思想的启蒙。让数学不再抽象，不再枯燥，为孩子种下一颗热爱数学的种子，让孩子真正融入数学的世界。

著名幼儿数学教育专家、“儿童数学思维训练”课程创始人

何秋光

这套精美的数学绘本涉及数的产生和计算、几何图形的性质与特征以及简单的逻辑推理等多个主题，把故事和数学概念有机地结合起来，潜移默化地培养了孩子的数学思维。例如在《五指计数》中就渗透了映射等近现代数学概念，避免了将数学概念简单生硬地灌输给孩子，做到了孩子智商与情商培养的统一。

北京四中数学高级教师、数学教育博士

吕宝珠

儿童早期接触数学，不该只是为了提早学到数学知识，更重要的是为孩子点燃心中的数学火焰，激发他们用数学探索世界的热情！从这点来看，本套书是成功的。充满童趣的故事吸引着孩子一步步走向数学，在不知不觉中思考数学，于欢声笑语中感受到数学是好玩的、可爱的、有用的！

上海师范大学小学数学研究室教师、数学教育博士

庞雅丽

故事里的数学

逻辑之旅

[意]安娜·切拉索利 著
[意]奥萝拉·卡恰波蒂 绘
曲少云 译

GUANGXI NORMAL UNIVERSITY PRESS
广西师范大学出版社
·桂林·

GUSHI LI DE SHUXUE　LUOJI ZHI LÜ
故事里的数学 逻辑之旅

出版统筹：汤文辉　　责任编辑：戚　浩
品牌总监：张少敏　　助理编辑：屈荔婷
质量总监：李茂军　　美术编辑：刘淑媛
选题策划：李茂军 戚　浩　　版权联络：郭晓晨 张立飞
责任技编：郭　鹏　　营销编辑：赵　迪

著作权合同登记号桂图登字：20-2017-006 号

图书在版编目（CIP）数据

故事里的数学. 逻辑之旅 /（意）安娜·切拉索利著；（意）奥萝拉·卡恰波蒂绘；曲少云译. --桂林：广西师范大学出版社，2023.10
ISBN 978-7-5598-6305-8

Ⅰ. ①故… Ⅱ. ①安… ②奥… ③曲… Ⅲ. ①数学课－学前教育－教学参考资料 Ⅳ. ①G613.4

中国国家版本馆 CIP 数据核字（2023）第 157035 号

广西师范大学出版社出版发行
（广西桂林市五里店路 9 号　邮政编码：541004
网址：http://www.bbtpress.com）
出版人：黄轩庄
全国新华书店经销
北京博海升彩色印刷有限公司印刷
（北京市通州区中关村科技园通州园金桥科技产业基地环宇路 6 号
邮政编码：100076）
开本：787 mm × 980 mm　1/16
印张：4.25　　字数：31 千
2023 年 10 月第 1 版　　2023 年 10 月第 1 次印刷
定价：100.00 元（全 4 册）

译序

数学，孩子因需要而发现

毫不夸张地说，我们生活的这个世界离不开数学。我们常常在无意识中使用数学，享受着数学带给我们的便利——购物、报时、踢球、打游戏、做蛋糕……我们每一个人真的是不假思索地进行着数学思考。对于儿童而言，他们最初并不知道什么是数学，为什么要学习数学，但懵懂中，他们开始知道：爸爸需要2个茶杯，妈妈刚刚切好5瓣苹果，爷爷说天阴了可能会下雨，弟弟刚刚吃掉1块奶奶切的三角形蛋糕……生活中的这些好奇激发了他们的兴趣，他们逐渐从观察、模仿和发现中开启了学习模式——用数学思维来思考。大部分父母在发现孩子的这些进步时，都会感到无比的惊奇和喜悦。

然而，很多孩子随着年龄的增长和知识的增多，曾经因好奇而激发的数学兴趣似乎很快便消失了。当父母们焦虑地探讨怎么进行

孩子的数学启蒙，如何让孩子喜欢上数学，数学除了考试还有什么用处的时候，那些本该引发关注的孩子的好奇心却被忽略了——这样的事情往往发生在他们开始真正学习数学以后。从父母到老师，我们每一个对孩子有教育责任的成年人都需要审慎地思考：究竟我们的教育哪里出了问题？是忽视或打击了孩子的好奇心，是过早或错误地给孩子解读了数学，还是过于重视各种表面的数学评定成绩、标准答案？

如果我们在发现孩子有了数学意识的关键期，耐心和孩子数积木、玩弹球，不断发展他们的点数能力甚至运算能力；如果我们看到孩子为了一张撕出来不同形状的纸咯咯笑起来的时候，顺势引导他们探寻更多的形状规律；如果每一次对道理的分析都有理有据，让孩子心服口服……我们又何愁孩子不喜欢数学，不会用数学思维去思考呢？

面对事物时，我们往往自发地因需要产生好奇，因好奇产生兴趣，因兴趣去寻求解决问题的办法。我们获得知识和能力向来遵循这样的学习规律，学习数学尤其如此。

所以，保有对数学的浓厚兴趣才是孩子在数学学习方面持续前行的最大动力，而保护孩子的学习动力，鼓励孩子一直保持学

习动力的最佳方法是和孩子一起思考，共同探究和学习。好的启蒙读物不仅可以陪伴孩子，更能启发家长、老师，让他们和孩子展开恰当的探究性学习。很高兴能够遇到《故事里的数学》，翻译的过程让多年深耕一线数学教育的我感触颇深——我们迫切需要更多这样好的数学启蒙读物与读者相遇。与其说它们有益于孩子，不如直接说它们有益于整个家庭。这套书巧妙地构建了4个数学发现的现实场景，通过故事，呈现了数学最初是怎么来的：我们为了设计自己的房屋发明了几何，为了准确理解他人的意图发明了逻辑，为了数清身边的物品发明了计数方法，为了更多更复杂的社会交易发明了运算……循着有趣的故事情节、细致缜密的发问和探究过程的呈现，孩子们会和大人一起惊喜地发现：原来要这样看待身边的问题，原来这样才能发现数学，原来解决问题的办法竟然如此自然、如此巧妙！

是的，那还犹豫什么，赶紧和我们一起走进数学的世界吧！

有这样一只小猪，他叫奥图，在其他农场从没有见过如此特别的小猪。在一同出生的那窝猪宝宝里，他年龄最小，却是最让妈妈感到快乐并引以为傲的宝贝。

他也是兄弟姐妹中唯一一只在泥坑里都能玩得很开心的小猪。哪怕只是一个小泥坑，奥图也能玩出大名堂：他会使出吃奶的劲扭动、翻滚、舒展身体，让自己的每一寸皮肤都挂满泥浆。

妈妈对奥图非常赞赏：我的宝贝就是这样——知道自己想做什么，而且要做就全心全意地做！我真不需要为他担心什么，他能做最好的自己！

听到妈妈的赞赏，奥图兴高采烈，他说自己现在是涂泥高手！

一次，为了和大伙儿玩得更有趣、更刺激，奥图突然跳进泥坑，浑身滚满泥巴，然后瞪大眼睛、张开大嘴冒出来。兄弟姐妹以为来了大怪物，一个个吓得落荒而逃。“哈哈！”看到这样的场景，奥图高兴得浑身一抖，痛快地打了个激灵。

这时，奥图又突然冒出一个新的点子：我何不勘察一下周围的美食资源呢？想想都那么富有诱惑力！他先是把鼻子伸进土里，然后拱开泥土，找到多汁的蠕虫和腐烂的树根，最后大声地、郑重地哼哼道：“我找到啦！”美食勘察成功，奥图心满意足。

在农场生活不用付出太多，也没什么事情需要奥图操心。

但是，在五月的最后一个星期日，农场主和他的妻子突然争吵起来。他们疯了一样，只顾冲着对方咆哮，竟然忘了关上猪舍大门。

猪舍前方有一小块农地，种着萝卜，那可是猪舍里的居民们最爱吃的蔬菜啊！

这是个千载难逢的好机会，一定不能错过！奥图的爷爷，这位一向小心谨慎的长者，立刻咕哝着叫醒了大家，就连最懒的猪也被揪了起来。萝卜乐园里顿时挤满大猪、小猪，场面一片混乱。大家你争我抢，狼吞虎咽，恨不得把萝卜都装进肚子。猪群的咕噜声还引来不少野猪，他们

未经许可，就直接翻过篱笆，加入了这场难得一见的狂欢盛宴中。

奥图还是头一次一下子见到这么多的新朋友，而且是在这么自由的环境中和大家相识！

其中，有个叫齐格的小野猪，既随和又友善。当他用两颗喜感十足的獠牙拱土时，他总是发出快乐的咕噜咕噜的声音。而且他不像其他的小猪，尾巴居然不卷曲。

要说奥图是怎么注意到他的，那要从他俩同时咬住一根胡萝卜开始。他俩就这样死死咬住那根胡萝卜，脸对脸，你看着我，我看着你，彼此需要立刻判断出对方究竟是朋友，还是敌人。

一开始，他们俩都凶巴巴的。先是奥图突然改了主意，微微笑了那么一下，但小野猪齐格并不领情，依旧眉头紧皱。

后来，奥图又面露微笑。齐格一看，人家都这样了，于是也咧嘴笑起来。

奥图怎么能不回应一下对方呢？！

友谊就是这样产生的。当双方都需要它时，它自然就来啦！身旁的泥坑不时散发出诱人的腐臭味，这绝对是最

佳的庆贺地点。于是他俩不约而同地跳了进去，你翻我滚，好不快乐！

因为担心被农场主抓住，齐格必须要离开了。他回头冲奥图说：“如果天气晴朗，我一定来看你！”

　　无节制的饱餐后，猪舍里的居民们个个腰肥肚圆，整个下午都趴在猪舍里动弹不得，消食的呼噜声此起彼伏，在老远的树林里都听得到。

　　第二天，天上下起了倾盆大雨。正如预想的那样，奥图的新朋友没有出现。

又过了一天，尽管天气仍不见好，但齐格还是来了，嘴里还叼着根细细的、弯弯的尖树根。虽然隔着铁丝网，他俩依旧你一口、我一口，分享了美食。

接下来的一天，天气不错，像是进入了阳光灿烂的夏天。齐格早早就过来了。奥图将一根大大的萝卜递给他，这是特意留给他的。两个好朋友一直待到天黑才分别，和往常一样，齐格答应天气好的时候再来。

第二天，阳光灿烂，碧空如洗。可齐格没有出现。不过，他的声音还是那么响亮、那么清晰，仿佛就在奥图的耳边："如果天气晴朗，我一定来看你！"天气真的很好啊，真的……是不是要为此担心呢：要么是朋友不诚实，要么是朋友发生了什么意外。奥图心里七上八下的，感觉无论哪种情况都不是好事。

无意中，奥图发现，猪舍外围的铁丝网上有一个破洞。于是，他屏住呼吸，一点一点地钻了出去。

啊，太可怕了！奥图担心的事情果然发生了：朋友受伤啦！奥图发现齐格时，他正躺在一片杜松灌木丛下，被一个看上去怪怪的装置牢牢地夹着。

“难道这就是自由的代价吗？”奥图一边喃喃自语，一边费力地掰开那个夹子。齐格的脚都快被夹断了。“要是在猪舍就好了。那里绝对安全，从来不会发生这么危险的事儿。”

稍稍动动脑筋就能想到，农场主一定会追来的。他俩必须尽快离开这里。要是可怜的小野猪被人发现了，可别指望会被送进兽医院，肯定直接就被卖掉了！

问题是，想去河边清洗伤口，该走哪一条路呢？他俩当机立断，从两条路中选择了一条。

到达第一个弯道时，他俩相视一笑。嗯，他们走对了。

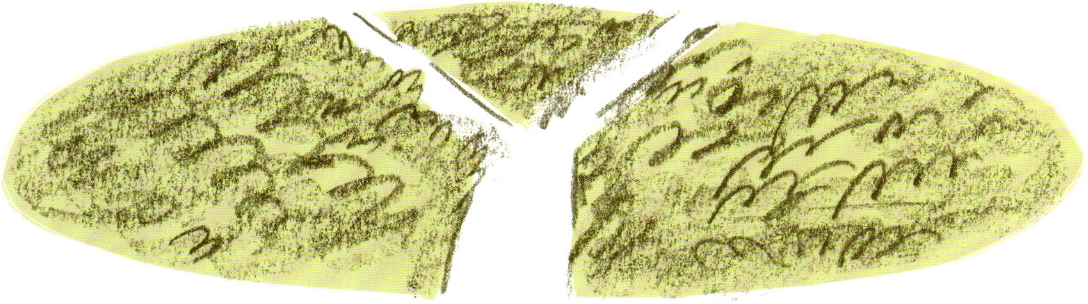

转过这个弯，奥图便认识这里的路了，他们向右拐后继续前进。

又走了几百步，到了下一个路口。齐格记得应该是直走。但是，到达最后一个十字路口后，该怎么走呢？这一次，他们同时犯了难。

他俩只犹豫了一分钟。但就在这一分钟里，农场主从后面追了上来，抓住了他们。农场主将他俩丢进笼子里，激动地对妻子说：“还抓到了一只上好的小野猪，哈哈！连这个小坏蛋一起卖给屠夫！这下屠夫可要忙乎一阵了！”

真是不幸，好好的一对朋友，怎么落得这么悲惨的下场？不仅自己要没命了，很可能还要搭上好朋友的命！还有没有别的出路？当农场主带着笼子向前走的时候，奥图的脑子里飞快地闪过这些念头。在农场主拐上最后一个弯道时，奥图用身体撞开了那扇门，重新获得了自由。看来，有时候是可以“撞”大运的！

“一旦抓住你，我会立刻把你变成香肠！”农场主急急忙忙关上笼子，恶狠狠地吼叫着。奥图撒开四蹄，飞快地逃走了。

“香肠？”他一边逃跑，一边暗自思量着农场主说的

话。他绞尽脑汁，也不知道香肠该怎么“伪装”。他只知道自己可以伪装成涂泥怪物，可那只是吓唬兄弟姐妹的小把戏而已。

就这样，在这个完全自由、没有约束的世界里，奥图不停地奔跑着。他没有任何目的，也不知道何时会身陷险境。

他先是不小心闯进了豪猪的洞穴，被豪猪后背的利刺射中，扎得像豪猪一样满身是刺。

（豪猪身体下半身的棘刺要比上半身的更发达。豪猪科的棘刺比较容易脱落，有些种类的豪猪还可以将棘刺射出。）

后来，他又不小心掉进了大鹅的窝。大鹅扑扇着翅膀，狠狠地啄了他的耳朵，以示对不速之客的“欢迎”。

如果这些还不够糟糕的话，那么最后和一只大狗面对面才最刺激。大狗和奥图你瞪着我，我瞪着你。大狗张着血盆大口，随时准备咬奥图一口。

奥图可不甘心就这样输掉，就在大狗扑上来的一刹那，他好像猛然甩掉了赘肉，疾如闪电般地来了一个虎口脱险。奥图，真是好样的！

尽管经历了这么多惊心动魄的场面，奥图明白他没有时间来抚慰自己。他要赶时间搭救好朋友齐格！

可怜的齐格，那伤了脚的“囚犯”！奥图必须为他做点什么！

坦率地说，奥图似乎很难为齐格做什么。他擅长涂泥，他可是涂泥高手！

有了！奥图灵机一动，计上心来，是时候施展这一才能啦！

他钻过铁丝网上的那个破洞，重新回到猪舍，然后召集来农场所有的朋友，细心地向他们传授自己的涂泥绝活。

他讲得很认真，伙伴们的学习热情也很高。“请问，什么泥巴最好？黏稠的好呢，还是腐臭的好？”“如何确保后背也能涂满泥巴？”“涂泥巴的时候，尾巴怎么处理？”……说实话，没有时间深入交流了：农场主和屠夫马上就要回来了。奥图要联合农场的朋友们，给他们一个措手不及。

伴随着泥巴飞溅声和呼噜呼噜声，深深的、黏稠的泥坑里出现了一个个滚动的巨型生物。

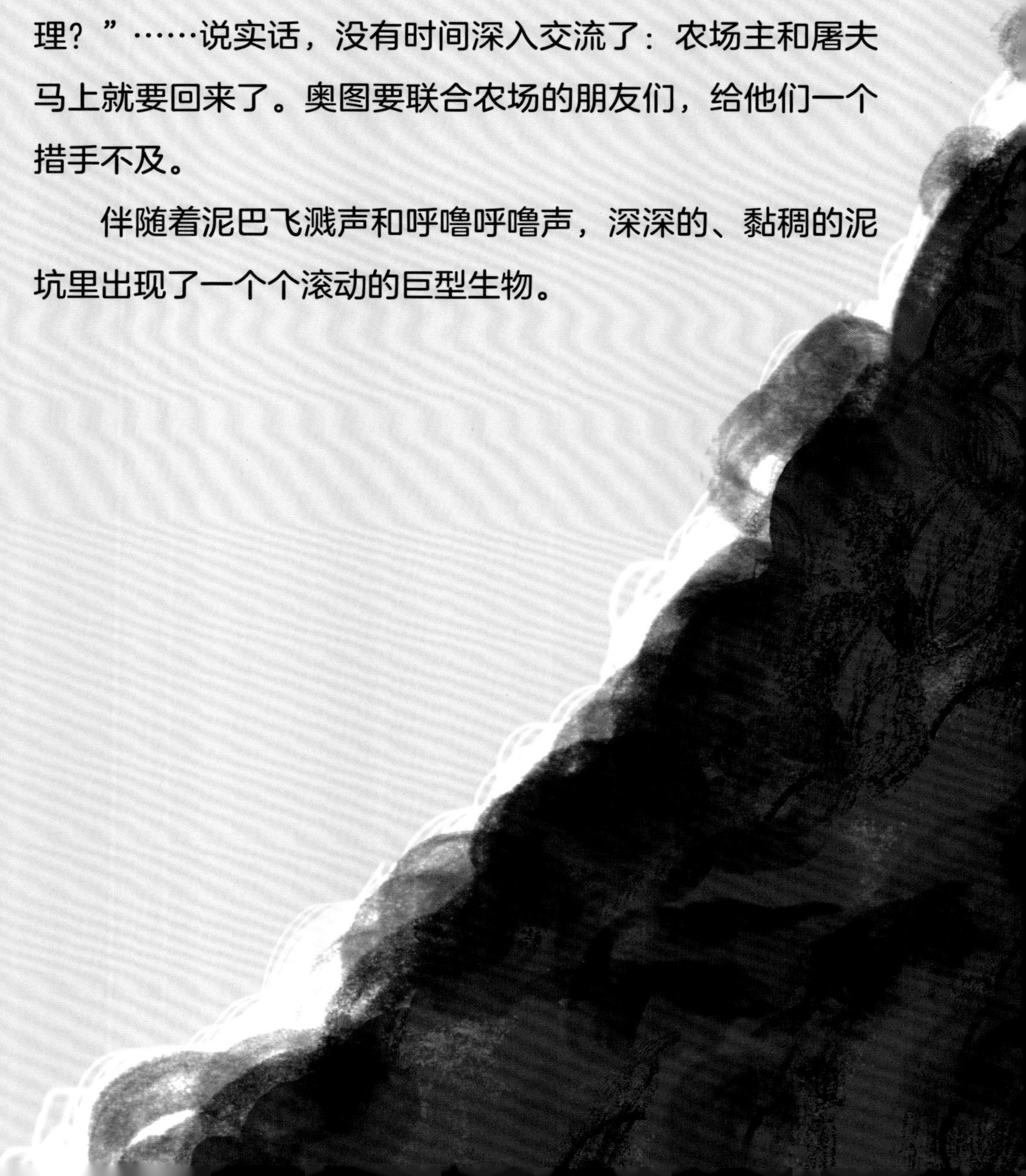

当农场主和屠夫出现在农场时，农场的动物们已经聚集在一起了，他们看起来像个可怕的大怪物。农场主和屠夫即使胆子再大，也被眼前的景象吓得目瞪口呆，像雕像一样傻傻地立在那里！只一秒钟的工夫，“大怪物”便裹挟着小野猪冲开大门，浩浩荡荡地消失在远方，留下身后一片被卷起的尘土。

自由啦！

在高高的山脚下，在挺拔的橡树林里，奥图受到了野猪家英雄般的欢迎，从此成了这个家庭中的一员。他和齐格一起云游四方，进行更多更刺激的冒险，也结交了更多的新朋友！每当穿过美丽的泥坑和深不见底的水池时，他便会停下来，和朋友们一起分享他的绝活、他的经验。他学会了很多东西，有好的，也有一些糟糕的。直到今天，每当回想过去，尤其是过去的农场生活时，他总是被一个疑问困扰着：香肠到底是什么？为什么农场主要不惜一切代价把他变成香肠?

一边推理，一边学习吧！

1 “奥图的冒险之旅”深深吸引了“超牛”学校的学生们。看完故事后，如何判断对错呢？学生们分成 A、B 两组，分别准备了一些和故事有关的句子。在 A 组和 B 组中，有一组是没有标准答案的，是哪一组呢？它们为什么没有标准答案？

A 组：

奥图是一只小猪。 对 错

齐格是一只小羊羔。 对 错

农场主忘记关猪舍大门了。 对 错

齐格给奥图带了一个番茄。 对 错

奥图请齐格吃了一根胡萝卜。 对 错

奥图和齐格被农场主抓住了。 对 错

齐格成功逃出了笼子。 对 错

齐格被关进了猪舍。 对 错

B 组：

奥图比齐格可爱多了。 对 错

这是一个简短的小故事。 对 错

奥图的故事很有趣。 对 错

胡萝卜是美味的。 对 错

胡萝卜不好吃。 对 错

在泥坑里打滚真开心。 对 错

虫子真可口。 对 错

在猪舍生活比在森林里生活安全多了。 对 错

答案：B组。句子是否正确，取决于阅读的人的感受。

2 在前一页的练习题中，B 组和 A 组完全不同，不同的人会给出不同的答案。句子正确与否，取决于阅读者自己的感受，像 B 组这样的句子，被称为“主观命题”。和主观命题不同，依据事实可以判断正误的句子，即像 A 组这样的句子，被称为“客观命题”。

阅读下面的句子，在客观命题的后面涂上红色，在主观命题的后面涂上绿色。

A. 意大利是一个临海的国家。 ○

B. 海水是冷的。 ○

C. 2 加 2 等于 5。 ○

D. 周日过后是周一。 ○

E. 3 月有 30 天。 ○

F. 胡萝卜汤非常美味。 ○

G. 冰淇淋比布丁好吃。 ○

H. 10 比 5 大。 ○

答案：A、C、D、E、H红色；B、F、G绿色。

3 下面的每组句子中，有两句话表达的意思完全一样，用线把它们连起来。

A. 所有的小猪都有短尾巴和小卷毛。

B. 每一只小猪都有短尾巴和小卷毛。

C. 有几只小猪有短尾巴和小卷毛。

D. 有些小猪的身上沾上了泥巴。

E. 每一只小猪的身上都沾上了泥巴。

F. 不是所有小猪的身上都沾上了泥巴。

G. 不是所有的野猪都有短尾巴和小卷毛。

H. 所有的野猪都没有短尾巴和小卷毛。

I. 没有野猪有短尾巴和小卷毛。

答案：A和B；D和F；H和I。

4 阅读下面的句子，并回答问题。

A. 齐格并不胖，但我们不能说奥图不胖。那么奥图是胖是瘦呢？

B. 对奥图来说，胡萝卜汤不好喝这件事不是真的。那么对他来说，胡萝卜汤好不好喝呢？

C. 说齐格不喜欢胡萝卜汤，这是假的。那么齐格喜欢胡萝卜汤吗？

D. 说奥图不是赛跑冠军，这不是假的。那么奥图是不是赛跑冠军呢？

E. 认为齐格不想和奥图一起玩耍，这是假的。那么齐格想和奥图一起玩耍吗？

F. 说奥图不热爱自由，这不是真的。那么奥图热爱自由吗？

答案：A. 奥图胖。 B. 奥图觉得胡萝卜汤好喝。
C. 齐格喜欢胡萝卜汤。 D. 奥图不是赛跑冠军。
E. 齐格想和奥图一起玩耍。 F. 奥图热爱自由。

5 奥图、齐格和朋友们按照爷爷的要求，正在采摘美丽的植物。下面是他们的任务。

奥图：长绿叶且开花的植物。

齐格：开花或长黄叶的植物。

罗塞塔：没有刺也没有黄叶的植物。

赛朵拉：长刺或开花的植物。

穆塞托：没有刺也不开花的植物。

柯迪诺：开红花或长刺的植物。

玛格丽娜：开蓝花且没有刺的植物。

答案：

奥图：（B、E）； 齐格：（B、C、D、E、F、G、H）；

罗塞塔：（A、B、G）； 赛朵拉：（B、D、E、F、G、H）；

穆塞托：（A、C）； 柯迪诺：（D、E、F、G、H）；

玛格丽娜：（B）。

A.

B.

C.

D.

E.

F.

G.

H.

6 为了让新鲜空气进入猪舍，除了门，农场主还开了一扇窗。事实上，至少打开门**或**窗中的任何一个，就能保证空气流通。以下哪种情况符合条件呢？

A. 

B. 

C. 

D. 

答案：A、B、C。

7 奥图向齐格许下承诺：“如果我找到一根胡萝卜，那么一定请你吃饭。”以下哪种情况，奥图没实现自己的承诺呢？

A. 他找不到胡萝卜，就没请齐格吃饭。

B. 他找不到胡萝卜，但还是要请齐格吃饭。

C. 他找到了胡萝卜，但没请齐格吃饭。

D. 他找到了胡萝卜，并请齐格吃饭。

答案：C。

8 每到周日和节假日，“超牛”学校都会放假，校门关闭。下面哪些句子是正确的呢？

A. 如果今天是周日，那么学校一定是关着门的。

B. 如果学校是关着门的，那么今天一定是周日。

C. 如果学校不是关着门的，那么今天不是周日。

D. 如果今天不是周日，那么学校就不是关着门的。

答案：A、C。

9 帮奥图选一瓶止咳糖浆吧。为了安全起见，不下压且旋转瓶盖，将无法打开瓶子。下面四种方法中，哪种方法能打开瓶子呢？

A. 不下压，不旋转。

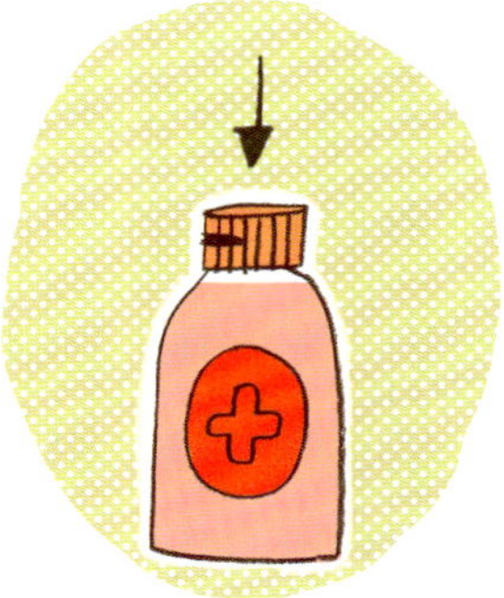

B. 不旋转，下压。

C. 旋转，不下压。

D. 下压，旋转。

答案：D。

10 止咳糖浆适用于咳嗽或喉咙痛。以下哪种情况，你会建议奥图喝点止咳糖浆呢?

A. 不咳嗽，喉咙不痛。

B. 不咳嗽，喉咙痛。

C. 咳嗽，喉咙不痛。

D. 咳嗽，喉咙痛。

答案：B、C、D。

11 这是猪舍的大门。为了确保小猪们不会逃出来，除了安了一把好锁，农场主还加了一道门闩。事实上，转动钥匙上锁或拉上门闩，大门就会关闭。相反，不转动钥匙且不拉上门闩，大门就不会关闭。

在以下四种情况中，小猪在哪些情况下无法从大门里逃出来呢？哪种情况可以逃出来呢？

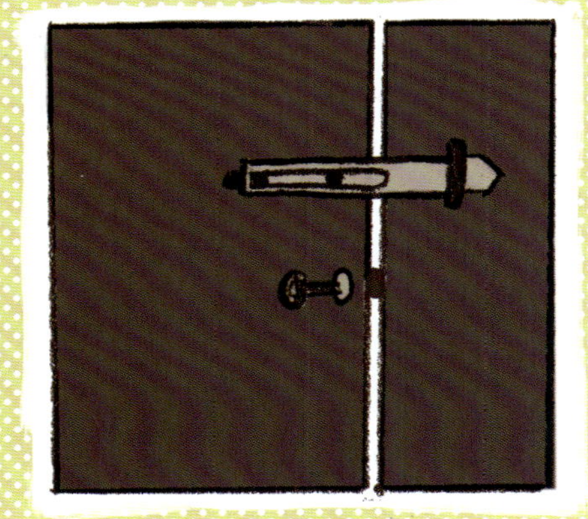

A.

B.

C.

D.

答案：在A、B、C这三种情况下，小猪都无法出来。

在D这种情况下，小猪可以从大门里逃出来。

12 下面这两处院子是猪舍，每一处都有 A、B 两扇门。如果想从门口出去，需要满足不同的条件。事实上，如果猪想跑出猪舍来到草地上，第一种情况是，只要打开 A 门或 B 门就可以了；第二种情况是，要同时

院子1

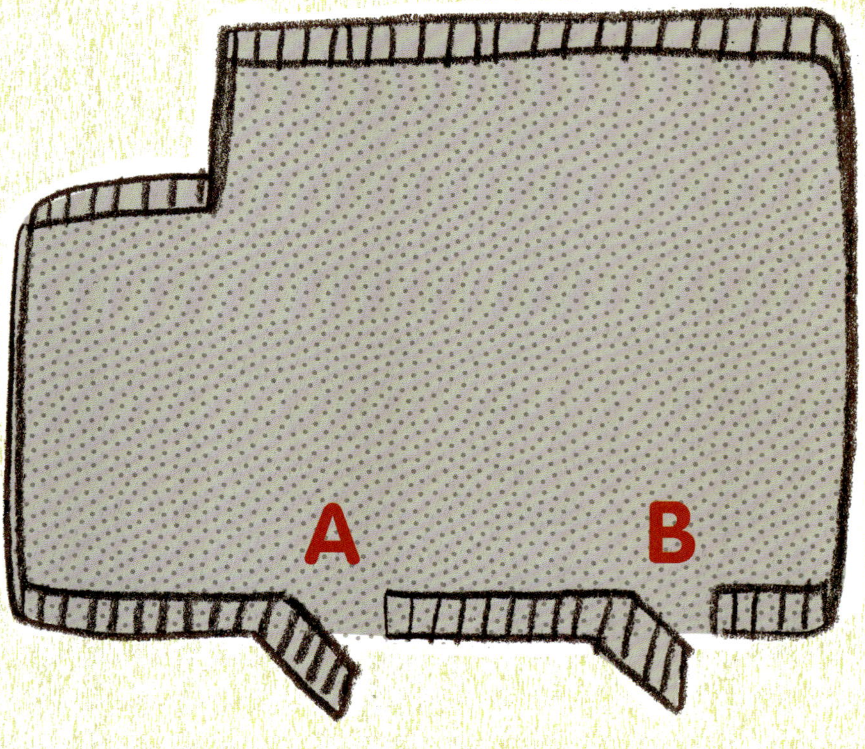

打开 A 门和 B 门。你能分清这两种情况分别对应的是哪个院子吗？

奥图发现，他只打开一扇门，就跑到草地上了。请问奥图在哪一处院子里呢？

院子2

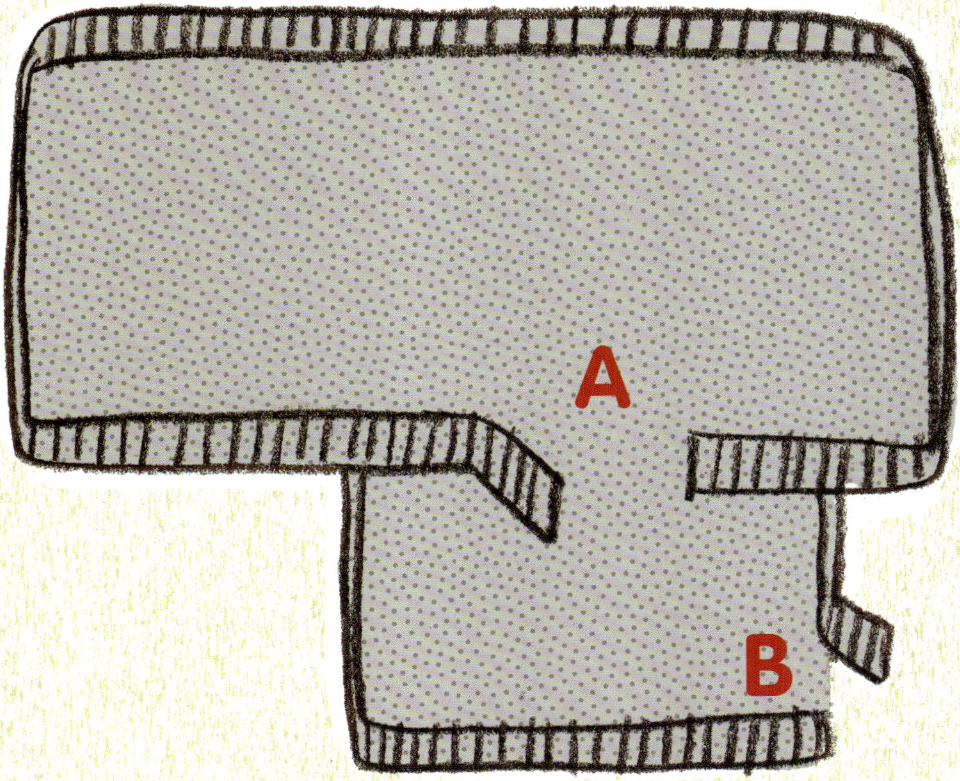

答案：第一种情况描述的是院子1；第二种情况描述的是院子2。奥图在院子1里。

名家推荐

本套书最难能可贵之处在于，将数学抽象的概念恰到好处地融入风趣幽默的故事当中，并涵盖了一定的人文知识、哲学智慧、推理能力，让孩子在潜移默化中接受多种思想的启蒙。让数学不再抽象，不再枯燥，为孩子种下一颗热爱数学的种子，让孩子真正融入数学的世界。

著名幼儿数学教育专家、“儿童数学思维训练”课程创始人

何秋光

这套精美的数学绘本涉及数的产生和计算、几何图形的性质与特征以及简单的逻辑推理等多个主题，把故事和数学概念有机地结合起来，潜移默化地培养了孩子的数学思维。例如在《五指计数》中就渗透了映射等近现代数学概念，避免了将数学概念简单生硬地灌输给孩子，做到了孩子智商与情商培养的统一。

北京四中数学高级教师、数学教育博士

吕宝珠

儿童早期接触数学，不该只是为了提早学到数学知识，更重要的是为孩子点燃心中的数学火焰，激发他们用数学探索世界的热情！从这点来看，本套书是成功的。充满童趣的故事吸引着孩子一步步走向数学，在不知不觉中思考数学，于欢声笑语中感受到数学是好玩的、可爱的、有用的！

上海师范大学小学数学研究室教师、数学教育博士

庞雅丽